LA

CHRISTIANISATION

DES CAPITAUX.

LA
CHRISTIANISATION

DES CAPITAUX

OU

Examen des institutions financières

ORGANISÉES

PAR LE CÉLÈBRE CHARLATAN Cte LANGRAND-DUMONCEAU

en compagnie

DES PRINCIPALES NOTABILITÉS DU PARTI CLÉRICAL

par E. DE MOLINARI

auteur de l'Annuaire financier de la Belgique

> En l'absence d'une loi pénale, il est temps de faire justice sommaire et exemplaire de ces gigantesques tripotages, de ces spéculations véreuses, de ces agiotages scandaleux dont les faits passeront à la postérité comme des modèles d'audace, d'hypocrisie et de charlatanisme.

BRUXELLES

LIBRAIRIE COSMOPOLITE

Vital Puissant, libraire-éditeur

14, Grand'Place, 14.

1866-1871

PRÉFACE.

Nous avons entrepris, au mois de juin de l'année dernière, la publication d'un *Annuaire financier de la Belgique*, afin de faire connaître aux rentiers et aux travailleurs économes les principales institutions qui servent d'intermédiaires entre eux et la reproduction, c'est-à-dire les Banques et la Bourse. Nous nous proposons de continuer ce travail annuel, qui servira, espérons-nous, à jeter quelque lumière sur le marché aux fonds publics, où l'on ne s'aventure pas sans crainte. En effet, de même que les habitués de la bourse de Bruxelles voient, dans les temps sombres et pluvieux, la corbeille des agents de change, éclairée au gaz, en plein midi, il est indispensable que le public, laissé, non point accidentellement, mais presque constamment, dans· une obscurité profonde au sujet des valeurs qui se traitent sur ce marché, soit également éclairé. Et s'il ne peut jouir de suite des rayons du jour, ce qui n'est donné qu'aux grands prêtres de la finance, ni même de l'éclat du gaz, comme les agents de change, qu'on lui accorde au moins, pour commencer, la clarté économique du pétrole.

En cherchant à nous acquitter convenablement de la tâche que nous avons entreprise, nous nous sommes bientôt aperçu qu'une publication annuelle où chaque institution financière ne pouvait occuper qu'une place limitée, ne répondait qu'imparfaitement aux exigences de notre époque, si fertile en entreprises. Il nous a donc paru qu'il serait utile de faire, à côté d'un *Annuaire financier*, où se trouvent coordonnés des renseignements précis sur chaque valeur cotée à la bourse et sur les principales institutions financières, une publication spéciale, destinée à faire connaître en détail celles de ces institutions dont il importe le plus au public d'avoir une connaissance approfondie. C'est pour répondre à cette idée que nous commençons aujourd'hui la publication d'un nouveau travail intitulé : GALERIE DES FINANCIERS BELGES.

Allant au plus pressé, nous signalerons d'abord les dangers que présentent certaines entreprises financières et industrielles, par suite des nouveautés et des procédés insolites qu'elles mettent en usage, ainsi que de l'influence de leurs agents et de l'importance de leurs capitaux. Mais nous espérons bien d'avoir aussi de bons exemples à proposer.

Quels que soient et les sujets que nous ayons à traiter et les hommes que nous ayons à juger, nous serons fidèle à l'engagement que nous avons pris en publiant l'*Annuaire financier*, c'est-à-dire d'étudier les affaires sans parti pris, sans faire acception des personnes et en ne considérant que les intérêts respectables de la généralité. De même que le témoin judiciaire, nous promettons de parler sans haine et sans crainte, de dire la vérité, rien que la vérité, mais toute la vérité. Les lois de la guerre, l'humanité enjoignent non-seulement d'être poli, mais même bienveillant pour ses adversaires; mais point de quartier aux traîtres et à ceux qui voudraient suborner le témoignage de la presse par l'intimidation ou la corruption. En l'absence d'une loi pénale, il faut que l'on fasse justice sommaire et exemplaire.

Quant à notre liberté d'appréciation, à notre indépendance de toute influence, politique ou financière, nous pensons qu'on ne la mettra plus en doute après la lettre que nous avons fait insérer dans le *Nieuwe-Rotterdamsche Courant* du 17 décembre dernier et que l'on trouvera à l'appendice. Professant de la considération pour toutes les convictions sincères en politique et en religion, du

moment qu'elles ne heurtent pas la morale éter-
nelle, nous les laisserons complétement à l'écart, à
moins qu'on n'en fasse une vraie profanation en
les mêlant aux intérêts financiers. Mais ces cas
seront assez rares dans notre honnête Belgique.

Bruxelles, le 15 février 1866.

EUGÈNE DE MOLINARI.

AVANT-PROPOS.

Ce qui nous a poussé à commencer la série
d'études, que nous nous proposons de faire des
principales entreprises financières de la Belgique,
par les sociétés connues sous la raison sociale Langrand-Dumonceau, c'est d'abord le chiffre excessif,
exagéré du capital que ce financier vient chercher
dans notre pays pour des entreprises lointaines,
chanceuses et, à notre avis, très-mal assises. On
sait, en effet, que ce n'est pas 25 millions de fr.,
comme la Banque Nationale, ou 50 millions de
florins P.-B., comme la Société Générale pour favoriser l'industrie nationale, soit 30 millions de
fr., comme la Banque de Belgique que MM. Langrand-Dumonceau et Cie veulent prélever sur les
économies de nos concitoyens, mais quelque chose

comme huit cent millions de fr., soit un chiffre plus élevé que les différentes dettes réunies de l'État belge lui-même. On trouvera, en tête de chacune des sociétés, que nous allons examiner, le chiffre exact de leur capital nominal, émis et versé, ainsi que le personnel de l'administration et du conseil de surveillance; puis, nous ferons suivre un résumé des statuts de ces sociétés, ainsi que des bilans de celles qui en ont déjà produits.

Cette somme de huit cent millions de fr. qui constitue le montant de l'épargne de plusieurs années réunies de la Belgique tout entière, est confiée à des mains novices en matière de finance, à des hommes, honorables dans la politique et les lettres, mais tout à fait improvisés, pour ne pas dire autre chose, dans des bureaux de banque ou des agences immobilières et industrielles.

Notre attention a ensuite été attirée par certaines pratiques financières des sociétés Langrand-Dumonceau, s'écartant singulièrement des bonnes traditions de nos anciennes maisons de banque et qui nous semblent déguiser, sous un pavillon étranger, une marchandise de contrebande. Enfin, la réclame effrontée que l'on a inaugurée, en Belgique, pour *lancer* les différentes institutions de la même raison sociale, nous a fait soupçonner que l'on voulait faire prendre le change aux capitalistes, sur la valeur réelle des entreprises austro-belges de MM. Langrand-Dumonceau et Cᵉ. Il était urgent de traiter de ces entreprises, qui nous semblaient être des nouveautés dangereuses, en présence de la provocation de M. Langrand-Dumonceau et de ses journaux, qui taxaient d'ignorants et d'imbus de préjugés ceux qui ne lui feraient pas l'honneur de le discuter.

Ce qui distingue l'école financière, connue sous ce nom, c'est une grande mobilité, une merveilleuse aptitude à aller toujours en avant, sans s'inquiéter de la concordance de ses diverses créations, de la logique de ses idées et de ses actes. C'est ainsi qu'on la voit s'occuper d'une nouvelle affaire avant d'avoir bien établi, consolidé une précédente, entasser institution sur institution, des créations formidables telles que le Foncier industriel, l'International, la Banque générale, etc., des espèces de Pélion sur Ossa, avec une promptitude et un aplomb, capables de frapper d'étonnement les rois mêmes du monde financier. C'est là, simplement de l'audace, encouragée par la crédulité publique et par des premiers succès, obtenus de la manière que nous examinerons plus loin.

Cependant s'il est bon d'aller de l'avant, il n'est pas mauvais de faire quelquefois un examen de conscience, de combiner le présent avec le passé, afin de donner une base plus solide aux entreprises futures. M. Langrand-Dumonceau le reconnait lui-même, dans sa circulaire du mois de septembre 1865, annonçant sa dernière création, la Banque internationale de crédit agricole. « Il est bon, dit-il, de jeter de temps à autre un regard en arrière sur les distances parcourues : on se rend d'autant mieux compte du chemin qui reste à faire et du but qu'il s'agit d'atteindre. » C'est pour ne pas avoir conformé leur conduite aux sages préceptes de leur chef de file que les financiers du groupe Langrand-Dumonceau ont commis tant d'inconséquences et enchaîné les unes aux autres des institutions disparates, de vraies excroissances, des superfétations onéreuses, ainsi que nous le verrons en examinant les sociétés foncières de ce groupe. On pourrait diviser l'épopée financière, à laquelle M. Langrand-Dumonceau a donné son nom, en trois grandes périodes ; la première comprend les sociétés tontinières et d'assurances à forfait sur la vie ; la seconde, les institutions hypothécaires proprement dites, et puis la troisième se compose des sociétés foncières austro-belges, destinées, d'après les prospectus, à relever la fortune publique des deux pays, en améliorant, d'une part, la propriété en Autriche, et de l'autre, le change sur Vienne, le cours des Métalliques dont la Belgique et les Pays-Bas possèdent pour plus de deux milliards.

Tableau indiquant le capital social des diverses sociétés de M. Langrand-Dumonceau.

DÉNOMINATION.	CAPITAL NOMINAL	CAPITAL ÉMIS.	CAPITAL VERSÉ.	OBSERVATIONS.
	FR.	FR.	FR.	
Rentiers Réunis	500,000	500,000	200,000	
Royale Belge	3,000,000	5,000,000	450,000	
Nederland	2,116,000	2,116,000	517,000	
Anere.	5,000,000	5,000,000	750,000	
Vindobona	25,000,000	12,500 000	5,750,000	
Hypothécaire néerlandaise. . . .	42,520,000	42,520,000	4,252,000	
Société Générale de Commerce et d'Industrie d'Amsterdam . . .	84,640,000	42,320,000	»	
Banque de Crédit Foncier et Industriel	50,000,000	50,000,000	15,000,000	
Crédit Foncier international. . .	200,000,000	150,000,000	45,000,000	
Banque Générale pour favoriser l'Agriculture et les Travaux publics.	500,000,000	»	»	On n'a jamais fait connaitre le résultat de la souscription du capital de la Banque Générale.
Banque internationale de Crédit agricole	100.000,000	100.000.000	»	On ne saura, qu'au premier bilan de l'Agricole le chiffre exact du capital versé.
Total.	812,576,000			

1.

PRÉMIÈRE PARTIE.

CHAPITRE I.

Les Rentiers Réunis.

Avant de faire des rafles de cent, deux cent et trois
cent millions de francs sur les économies de la Belgique, messieurs du groupe financier Langrand-Dumonceau se sont exercés plus modestement à recueillir, sou par sou, l'épargne des petites fortunes et des
travailleurs dans les Rentiers Réunis, dans la Royale
Belge, la Nederland, l'Ancre de Vienne, sociétés de
survie et d'assurances à forfait sur la vie.

La compagnie des Rentiers Réunis est une société
en commandite, pour la formation et la gestion d'assurances mutuelles sur la vie, qui a été constituée

le 28 janvier 1852, à Bruxelles, au capital de 500,000 fr. divisé en 1,000 actions de 500 fr. chacune. 200,000 fr. ont été versés, jusqu'à ce jour, et servent de garantie de la gestion des administrateurs. Dès 1854, nous voyons figurer, parmi ces derniers, MM. Mercier, représentant et ministre d'État ; de Pitteurs, sénateur ; Dumon, ancien ministre ; Hennequin, propriétaire ; Ectors, notaire ; Trumper , banquier. Le conseil de surveillance se compose de MM. A. Nothomb, représentant, ancien ministre ; Claessens-Moris ; Maertens, banquier ; Mosselman ; Terrade ; comtes Maurice de Robiano et Vanden Steen de Jehay ; de Burtin d'Eschenbeek ; baron de Wykersloth. M. Langrand-Dumonceau figure comme directeur et M. F. Van Camp comme sous-directeur. Le collége des commissaires a compté précédemment, parmi ses membres, M. Jules Malou, de la Société Générale.

Comme on le voit, c'est là un état-major imposant, et l'on comprend, qu'à la date du 27 mai 1852, M. J.-B. Langrand-Hohrath, alors inspecteur en chef de la Société, ait pu écrire : « Il n'existe pas d'établissement de ce genre, offrant des garanties aussi solides, aussi considérables... Ce n'est pas seulement le fonds social d'un demi-million qui sert de garantie à l'administration des associations mutuelles, mais encore la fortune personnelle de M. Hennequin, fils de l'ancien sénateur, qui à lui seul possède *plusieurs millions de francs*, de MM. Henri de Pitteurs, Trumper et Ectors. »

Cette société sert de début à M. Langrand-Dumonceau et au groupe de financiers qui s'abritent sous son nom. C'est leur coup d'essai ; mais ce n'est pas un coup de maître, au moins au point de vue des intérêts des sociétaires, du public, les seuls qui soient ici à considérer. Au point de vue des intérêts des actionnaires et surtout des administrateurs, c'est autre chose. Nous allons examiner la société des Rentiers Réunis, au double point de vue, d'abord, du public qui compose les associations mutuelles de survie, c'est-à-dire la clientèle de la Société, et puis des actionnaires et des administrateurs.

I. LES SOCIÉTAIRES. — Les associations mutuelles sur la vie des Rentiers Réunis, qui sont contractées pour des périodes de 10, 15 ou 20 ans, ont pour but de procurer aux survivants, des bénéfices, se composant d'abord du capital et des intérêts de leurs propres mises, et puis des sommes capitalisées provenant des mises des prédécédés, ainsi que des membres frappés de déchéance et de forclusion.

Ces sortes de contrats, où l'on risque le capital et les intérêts de sa quote-part, contre la chance d'une augmentation provenant des dépouilles de ses coassociés défaillants, sont tolérés par la loi civile, quoiqu'elles favorisent la fraude des droits de succession et qu'elles froissent la morale publique.

Voyons d'abord le mécanisme et les conditions des opérations tontinières. Au commencement de chaque année, la compagnie des Rentiers Réunis crée une association nouvelle d'assurances mutuelles sur la vie, dont la liste reste ouverte jusqu'au 31 décembre. Les deux sexes concourent, avec des droits égaux, bien que les statisticiens soutiennent que le beau sexe, le sexe faible ait la vie plus dure que le sexe fort, et que cette opinion ait prévalu, en Angleterre, pour les rentes viagères. Mais on ne vient au partage des bénéfices de l'association que proportionnellement à son âge et à sa mise, laquelle peut être, au *minimum*, une annuité de 20 fr. ou une somme de 100 fr. payée globalement.

Tandis qu'une compagnie d'assurances à primes

fixes donne effectivement à un sociétaire, âgé de 25 ans, qui a versé dix annuités de 100 fr., la somme de 1,295 fr., la compagnie des Rentiers Réunis promet, dans les mêmes circonstances, 1,775 fr., en se basant sur les chances de mortalité et les probabilités de déchéance et de forclusion. Nous trouvons, dans une circulaire de la même Compagnie, l'assertion qu'à l'aide d'une simple mise de 50 à 200 fr. par an, pendant 20 ans, un père de famille peut créer à ses enfants un capital de 4,000 à 16,000 fr. Mais quittons les prospectus et les promesses pour raisonner sur les faits ; prenons, par exemple, la liquidation de la première association de survie, de 10 ans, 1852 à 1863, et nous arriverons à de tout autres résultats.

Voici le compte d'un sociétaire, âgé de 15 ans, qui a versé 100 fr. par an, depuis 1853, année de l'ouverture d'une association, jusqu'au 31 décembre 1862. Il a reçu 1,440 fr., à quelques unités près, dont plus de 1,300 fr. provenaient de la réalisation de titres de la rente 2 1/2 p. c. et le surplus, en espèces. Nous sommes à une petite distance du chiffre promis, soit 1,775 fr. Mais ce n'est pas 1,440 fr. que le sociétaire aurait eus, si la rente belge 2 1/2 p. c., qu'il a reçue en payement, avait été, en liquidation, au taux auquel la société l'avait achetée, soit au taux moyen de 56. Il n'eût reçu alors que 1,330 fr. Or, l'on conviendra que c'est une circonstance tout à fait étrangère à la société tontinière et dont on ne puisse, par conséquent, faire un mérite à cette dernière, que le 2 1/2 p. c. belge ait valu 61, à la fin de l'association, alors que le cours moyen de ce fonds avait été, pendant la durée de la société, de 56. Ce n'est vraisemblablement pas pour spéculer en fonds publics que se forment les associations mu-

tuelles sur la vie! Ainsi, nous voilà tombés de 1,775
à 1,330.

Mais nous ne sommes pas encore au bout de notre
décompte. Le sociétaire s'est peut-être, probablement
même, fait contre-assurer à la Royale Belge pour obtenir, lui ou les siens, en cas de décès de la tête assurée, le remboursement du montant intégral des
sommes versées en annuités et en frais de gestion
aux Rentiers Réunis. Nous devrons encore ôter, de
ce chef, une somme de 60 fr. au moins, ce qui réduit
définitivement la part de notre sociétaire à 1,270 fr.
au lieu des 1,775 fr. promis.

Voyons maintenant quelle avait été la mise de ce
sociétaire et quel parti il aurait pu en tirer par un
modeste placement à 4 1/2 p. c. Il a versé dix annuités
de 100 fr. chacune, plus les frais de gestion, calculés
à raison de 5 p. c. sur le total des annuités, soit 50 fr.;
enfin, 2 fr. (1) pour le coût du contrat, en tout 1,052 fr.
Or, en capitalisant à 4 1/2 p. c. les 52 fr. de frais de
gestion et de coût du contrat, nous avons,

après dix ans 80 75

Les dix annuités produisent également
en les capitalisant ainsi. 1,284 11

Total. . .   1,364 86

Ainsi, voilà un rentier, peut-être un modeste employé ou même un artisan laborieux, un père de famille qui, sur la foi des circulaires et autres impri-
més, répandus à foison, avait cru que « l'assurance,
faite pour une durée de 10, 15 ou 20 ans, devait
infailliblement doubler, tripler, quadrupler le capital
versé par annuités, » qui avait cru naïvement que
l'*assurance* des Rentiers Réunis « peut procurer à
l'homme économe un accroissement de bien-être qu'il

______

(1) Le coût du contrat est maintenant de 5 francs.

aurait vainement cherché dans tout autre mode de placement, comme dans toute autre spéculation, quelque sûre qu'elle soit, » ce père de famille, disons-nous, n'a garanti à son enfant que la maigre somme de 388 fr. pour intérêts capitalisés, gain de survie, accroissements sociaux quelconques, pendant 10 ans, d'une mise de 1,052 fr.! Et encore, à quel prix a-t-il obtenu ce résultat? C'est en courant le risque de perdre entièrement son capital versé et les intérêts, dans le cas où l'assuré fût mort avant la dixième année révolue de l'association. Comme on le voit, le gain n'est pas la compensation de la chance obituaire.

On objectera peut-être que ce père de famille pouvait se faire contre-assurer. Soit. Mais alors il aurait dû payer 62 fr. 30 c. qui, après 10 ans, auraient valu fr. 96-50. Et le bénéfice de 388 fr. serait réduit à 292 fr. Il n'aurait pas eu 3 p. c. de son argent.

Dans une circulaire de juillet 1863, M. Langrand-Dumonceau ose cependant écrire aux sociétaires de cette caisse de 10 ans, 1853 à 1863 : « Ce résultat, rapproché des placements ordinaires, justifie la supériorité de ceux opérés dans les caisses de survie. » Et de telles opérations sont décorées du nom d'*assurances!* N'est-ce pas se moquer du bon sens et du langage?

Les piètres résultats, que nous venons d'exposer, attendent généralement les souscripteurs des sociétés tontinières de tous les pays, avec la différence que celles dont les opérations sont restreintes à un plus petit pays, à un nombre de participants moins fort, comme les Rentiers Réunis, sont dans une position plus défavorable. Si l'on ne peut pas dire que les économies confiées aux tontines soient livrées aux jeux d'un hasard sans lois, comme l'argent que l'on place sur le tapis vert d'une ville d'eaux, d'un tripot, est-ce que l'on a plus de vraie sécurité à s'abandonner au hasard avec des lois, chances et probabilités de mortalité et de déchéance des tontines? Les tables de mortalité qui servent de base et d'appât à ces sociétés sont fragiles, inconsistantes, sujettes à mille erreurs, et leurs données ont été souvent et victorieusement contredites, réfutées par les faits. Non-seulement les statisticiens éminents, qui s'en sont occupés, M. Quetelet, en Belgique, et M. de Monferrand, en France, ont signalé de nombreuses erreurs, mais ils ont encore renversé les rapports, les combinaisons pratiques que l'on avait établis à l'aide de ces tables contradictoires (1). Le collége des actuary, d'Angleterre, dont les solutions sont adoptées par les sociétés et institutions privées, et par la justice elle-même, n'a pu fournir, aux mille sociétés tontinières anglaises, des bases plus sérieuses que les calculs des statisticiens français Duvillard et Deparcieux. Et quand on a demandé, à ce collége de mathématiciens hors ligne, une règle fixe pour distribuer, dans des proportions équitables, la partie de leurs bénéfices qui doit être restituée aux assurés, il a dû confesser son impuissance (2). Les compagnies en sont réduites aux tâtonnements, à des évaluations arbitraires ; aussi ont-elles bien soin d'interdire tout contrôle de leur gestion aux sociétaires.

Pourquoi les tables de mortalité reçoivent-elles de si fréquents démentis par les résultats de nos sociétés

(1) L'un des guides les plus sûrs, en cette matière, est le statisticien hollandais G. Kersseboom, du siècle dernier, dont M. X. Heuschling nous a fait connaître la vie et les travaux, dans une notice insérée au tome VII du *Bulletin de la Commission centrale de statistique de Belgique.*

(2) Voir l'*Essai sur les lois du hasard, suivi d'études sur les assurances,* par Alfred de Courcy, p. 95.

tontinières? C'est d'abord parce qu'elles ont été calculées sur des quantités plus grandes que celles qui composent généralement les mutualités, les associations de survie. Puis, c'est que les associés, les conscrits (1) d'une série se composent généralement de personnes aussi soigneuses, aussi économes de leur vie que de leurs écus, de gens ayant de longues espérances et de longues années à vivre. Voilà pourquoi tant de sociétaires se retrouvent ensemble bien portants, à l'arrivée de l'échéance alors que chacun, en partant, avait bien compté, à part soi, qu'un bon nombre de ces chers compagnons de voyage resteraient en route,

Une autre preuve que les chances de mortalité ne sont pas si grandes, si favorables aux sociétaires, c'est que les sociétés de contre-assurances et la Royale Belge en particulier, dont les administrateurs sont à peu près les mêmes personnes que les administrateurs des Rentiers Réunis, n'exigent qu'une prime minime et disproportionnée avec les probabilités de mort qu'on fait miroiter aux yeux des souscripteurs aux tontines.

Quand même les chances de mortalité offriraient quelque marge aux succès, à l'espérance des tontiniers, dans des pays comme la France, l'Angleterre, l'Allemagne et l'Amérique, où ces sociétés opèrent sur des milliers d'engagistes à la fois, ce qui augmente naturellement les chances, il en serait autrement d'une société réduite à des proportions étroites, à un petit centre d'opérations. C'était donc un contre-sens que de vouloir doter la Belgique d'institutions tontinières nationales, ainsi que les fondateurs des Rentiers Réunis en ont eu la prétention, à moins qu'ils

(1) A propos des vrais conscrits, nous ferons remarquer que la Compagnie des Rentiers Réunis entreprend également les opérations d'exonération du service militaire.

n'aient eu l'arrière-pensée d'en faire, avec le temps, une société internationale. Mais ils n'en étaient pas encore arrivés aux fameuses métamorphoses qu'ils ont imaginées, depuis, pour leurs entreprises hypothécaires et foncières.

La liquidation de la première caisse d'assurances de survie des Rentiers Réunis a dévoilé déjà les vices de cette institution ; et nous croyons que ceux qui s'y sont laissé prendre n'y reviendront plus jamais, ni pour eux ni pour leurs proches. On raconte qu'après la liquidation de la première mutualité des Rentiers Réunis, les agents de cette société furent reçus, dans certains cantons du pays wallon, d'une façon très-différente qu'ils l'avaient été, auparavant, lorsqu'on n'en était qu'à la période des promesses et de la souscription. Si l'on a eu, pour la première mutualité, 5 p. c. de son argent, en risquant de perdre le capital, c'est grâce à un concours tout à fait fortuit de circonstances, indépendantes de la société, et qu'elle n'avait certes pas *assurées*. Au point de vue des opérations purement sociales, le résultat n'aurait pas produit, en moyenne, plus de 4 p. c., toujours avec la chance de perdre le capital. L'on peut bien dire que toute personne qui ne fait que ce qu'elle conçoit bien, hésitera, s'abstiendra de prendre part à des opérations semblables. Les tontines sont, disons-le, en un mot, la tirelire des grands enfants. Que si nous voyons figurer, en tête d'une lettre-circulaire des Rentiers Réunis, de l'année 1856, en qualité de sociétaires tontiniers, 4 ministres, 108 directeurs, inspecteurs, contrôleurs et receveurs de l'enregistrement et des domaines, 53 sénateurs, représentants et conseillers provinciaux, 34 professeurs d'universités, 504 professeurs de collége, 133 ingénieurs en chef, inspecteurs de chemins de fer et ingénieurs et d'autres noms de l'administration, c'était un peu par la contagion de l'exemple des chefs de départements ministériels, dont deux étaient administrateurs des Rentiers Réunis. Et alors déjà, l'on usait et abusait de la publicité commerciale, sinon en maîtres, comme aujourd'hui, au moins avec un grand déploiement. Et puis, l'on avait stylé des agents d'une activité rare, dont la conduite fut mise à l'ordre du jour de la société, dès le 1ᵉʳ janvier 1855. Une circulaire, de cette date, nous apprend les prodiges de ces agents, tels que MM. Spyers, Hayon, Depuichault, Van Camp, Claes, De Guingand, Gouset et onze autres, qui avaieut réalisé pour six millions de fr. d'assurances sur la vie, en 1854 seulement. Les souscriptions obtenues, jusqu'en 1861, s'élevaient au chiffre de trente-cinq millions de fr.

Mais ce n'est pas seulement un placement mauvais, financièrement parlant, que fait le sociétaire tontinier, il est de plus immoral et offrant un moyen de frauder facilement les droits de la famille, des successions légitimes, par des placements clandestins. « J'ai toujours ressenti une sorte de répulsion pour ces prétendues associations, dit M. de Courcy, dont les membres se créent un intérêt à la mort les uns des autres, et viennent s'enquérir, à l'approche de l'époque des répartitions, s'il y a eu beaucoup de mortalité parmi leurs partenaires, si une bonne épidémie en a suffisamment éclairci les rangs, et promet aux survivants les avantages qu'ils en espéraient. » Il est vrai que l'administration, il faut le dire, est d'une parfaite discrétion à cet égard, comme sur tous les autres points de la gestion, qui reste enveloppée dans une salutaire obscurité. Remarquons, en passant, qu'il y a, dans les opérations purement aléatoires des jeux de roulette et de trente et quarante, étalés sur le tapis vert, une publicité, une garantie que l'on refuse aux sociétaires de tontines.

En Allemagne, où l'on s'occupe, aujourd'hui, avec un engouement sans pareil, des institutions de survie, où l'on fait des meetings pour discuter la marche des opérations, où l'on a des journaux mensuels et hebdomadaires pour en rapporter la conduite et les résultats, l'on ne tardera pas à faire connaître les décès des sociétaires. Et alors comment échapper au vœu si immoral de la mort. Mais, même sans publicité, l'on conçoit que le *votum mortis* ait lieu. Supposons une société tontinière de dix membres d'une même province, ville ou canton. Voyez-vous ces associés, venant se rendre mutuellement visite dans leurs maladies et avoir des attentions, des petits soins, des prévenances : « Prends-garde, mon bon, soigne bien ce rhume, cette fluxion, prends cette pâte, ce spécifique, etc. ! »

« Quoi de plus pénible, est-il dit dans les instructions générales de la Royale Belge, pour un rentier, que d'être en relation incessante avec une personne considérant son existence comme une charge, et toujours préparée à sourire à sa mort, comme à un événement heureux qui soustrait le débiteur à ses obligations personnelles. » Voilà ce que pense M. Langrand-Dumonceau lui-même des sociétés de survie. Il est vrai que c'est dans l'intérêt d'une société d'assurances sur la vie, en cas de décès, la Royale belge, qu'il combat les Rentiers Réunis, car il parle tout autrement dans les prospectus de cette dernière société.

Voilà la moralité et les résultats des associations de survie des Rentiers Réunis et des sociétés tontinières en général. Cependant, il y a un revers à la médaille; malheureusement le beau côté n'est pas en faveur du public, des sociétaires, comme on vient de s'en convaincre, mais bien des actionnaires des Rentiers Réunis et surtout des administrateurs.

II. ACTIONNAIRES ET ADMINISTRATEURS. — Si les tontines ne sont qu'un véritable jeu de dupes pour les souscripteurs associés, elles sont, en revanche, une source de gros bénéfices pour les compagnies qui en ont l'entreprise. D'après le compte rendu de la caisse de 10 ans des Rentiers Réunis, de 1853 à 1863, que nous avons cité, les 1,634 survivants, appelés à partager les dépouilles des 526 souscripteurs prédécédés, ou défaillants pour cause de déchéance ou forclusion, avaient obtenu une somme globale de produits, s'élevant à fr. 383,946-69. Mais dans cette somme sont compris les intérêts de fr. 1,054,213-78, montant des mises effectuées par ces 1,634 heureux partenaires, lesquels intérêts atteignent fr. 305,000 ; d'où il leur restait, pour bénéfice provenant de la tontine, c'est-à-dire des décès et déchéance, seulement fr. 78,000.

Quelle a été la part des actionnaires et administrateurs des Rentiers Réunis. Elle se compose d'abord de 5 p. c. du capital souscrit, payables soit au comptant, soit par annuités et s'élevant, pour la caisse de 1853-1863 à 60,000 fr. Cette somme a été prélevée, la première année, en une fois et même avant aucun versement des souscripteurs. 60,000 fr. placés à 4 1/2 p. c. seulement — quoique les administrateurs des Rentiers Réunis aient vraisemblablement trouvé un placement plus avantageux pour eux — a produit, après 10 ans, la somme de 86,815 fr. Voilà un premier profit. Mais ce n'est pas tout, bien que, dans certain Manuel, à l'usage des agents-courtiers de la Compagnie, l'on affirme que celle-ci n'est indemnisée de tous ses frais quelconques d'établissement, de gestion et de surveillance des associations par elle fondées, que par le droit de 5 p. c. sur le montant des souscriptions. L'article 48 des statuts, révisés, alloue encore, pour toutes les mutualités qui se formeront dans la suite, un droit de commission de 1 p. c. sur le montant du capital à répartir lors de la liquidation de chaque tontine. Ce droit de commission est destiné à former un fonds de réserve, lequel s'élevait déjà en février 1861, à la somme de 400,000 fr., le double du capital versé. Voilà des bénéfices certains, assurés, cette fois, pour les actionnaires et administrateurs, et ceux-ci ont encore l'agréable perspective de rester propriétaires du fonds entier de répartition de toute société tontinière dont les membres seraient prédécédés avant le terme fixé pour la liquidation (art. 40 des statuts).

C'est ce qui faisait dire à M. J. Bienaymé, inspecteur général des finances de France, dans l'approbation qu'il donna au mémoire de M. V. Brogniart, sur les sociétés tontinières : « Il faut dire avec lui que c'est une duperie que de risquer, sur une tête d'enfant, à peu près dix pour gagner un ; pendant qu'on donne 5 p. c. des souscriptions, même non réalisées, aux gérants de ces établissements qui n'encourent aucune responsabilité. »

La compagnie des Rentiers Réunis demande les prix forts pour les services qu'elle rend ; des sociétés tontinières françaises et anglaises sont plus modérées, et quelques-unes n'exigent le payement des frais de gestion que successivement et avec les versements annuels. N'est-ce par dur, en effet, pour un sociétaire, à qui l'on a fait payer, la première année, 50 fr. de frais de gestion pour une souscription de 1,000 fr. à verser en dix annuités, de se voir quitte de cette somme, dès la seconde année, si, par suite de revers, il ne peut pas continuer son assurance, la *nourrir*, suivant le terme usité.

Quels sont donc les services que la Compagnie belge se fait si chèrement rémunérer? Elle se borne, comme toutes les autres, à prêter ses bureaux à la souscription des associés tontiniers, à recevoir leur argent, à l'échanger contre des titres de rentes sur l'État et à faire la liquidation de chaque association. C'est un rôle de greffier, ou de commis, de courtier allant faire l'article pour amener des souscripteurs. Que l'on ne croie pas toutefois que la Compagnie paye les frais de courtage pour le placement en rentes sur l'État ; c'est là encore une petite *addition* qui doit surprendre peu agréablement les infortunés sociétaires, après tous les autres mécomptes qui les attendent le jour de la liquidation.

Ainsi donc, d'une part, maigre bénéfice pour les sociétaires des tontines, qu'ils achètent en risquant de perdre entièrement le capital et les intérêts de leur mise, et, d'autre part, gros dividendes pour les actiönnaires et émoluments énormes pour les administrateurs, dont la gestion est si aisée et exempte de toute mauvaise chance. C'est véritablement eux qui sont *assurés*. Les gains des administrateurs si lucratifs dans chaque tontine, et qui en se répétant, plusieurs fois l'année, puisque l'on ouvre quelquefois plusieurs tontines par an, ces gains fabuleux sont bien faits pour tenter tant d'entrepreneurs d'assurances de survie. Comme les fonctions d'administrateurs sont de vraies sinécures et qu'elles ne sont pas de nature à contrarier le moins du monde les hommes les plus occupés, on les a vues cumulées, chez nous, en 1856, par des ministres, surchargés des travaux et de la sollicitude des départements les plus laborieux, ceux des finances et des travaux publics.

On peut donc dire que les administrateurs et les actionnaires des associations de survie sont *seuls*

appelés à en recueillir les avantages. Aussi, l'on a vu
les actions des Rentiers Réunis de 500 fr., dont
200 seulement ont été versés, être cotées, pendant
plusieurs années, à 1,050 fr. On distribuait alors de
beaux dividendes. Nous doutons toutefois que les
détenteurs actuels de ces titres aient encore à se louer
de leur placement, surtout ceux qui ont payé 850 fr.
Ces titres se négocient, en effet, quelquefois, quoique
le Manuel des assurances des Rentiers Réunis, cité
plus haut, dise, à propos des garanties présentées
par cette compagnie, que ses actions ne peuvent être
cédées à des tiers. Ces actions étaient jadis régulièrement cotées dans le *Moniteur des intérêts matériels;*
mais insensiblement on a biffé de la rubrique, d'abord
le cours, puis le chiffre du dividende et le reste, pour
ne laisser subsister que le nom.

Aujourd'hui, ces titres sont délaissés parce que les
derniers dividendes ont fléchi; et comme il y a une
forte décroissance dans les opérations sociales, les
bénéfices ne feront que diminuer dans la même proportion. Heureusement que la plupart de ces actions
se sont réfugiées dans les portefeuilles des autres sociétés de la raison sociale Lagrand-Dumonceau. Nous
les avons vues commencer leur transmigration dans
le portefeuille de l'Association générale d'assurances,
d'où elles auront passé, comme des âmes en peine, soit
dans le Crédit foncier industriel, soit dans une autre
société du même groupe, pour venir se reposer peut-
être à la fin, dans les plis soyeux du portefeuille
princier de la Banque internationale de crédit agricole.

Concluons. La Compagnie des Rentiers Réunis, qui
n'était qu'une contrefaçon des sociétés tontinières
françaises, mais placée dans des conditions bien plus
défavorables, a donné l'occasion à un grand nombre

de nos concitoyens de faire l'expérience de ce triste
mode de placement. L'on peut dire que cette expérience a été décisive et que cette Compagnie a discré-
dité pour longtemps, si elle n'a pas tué chez nous, le
crédit tontinier. C'est un résultat heureux, quoique
tardif et coûteux. Nous verrons, par l'examen des
principales entreprises du même groupe de financiers, que nous retrouvons dans toutes les institutions
de M. Langrand-Dumonceau, qu'il est dans leur destinée de démonétiser toutes les espèces d'opérations
financières auxquelles ils touchent.

CHAPITRE II.

La Royale Belge, l'Ancre et la Nederland.

La Royale Belge, société anonyme, constituée, le 3 février 1853, au capital de 3 millions de fr. divisé en 1,500 actions de 2,000 fr. On a versé 300 fr. sur chaque action, soit en tout 450,000 fr. L'administration se compose de MM. H. Adan, directeur, A. Langrand-Dumonceau, E. J. Mercier, A. Dumon, C. Ectors, comte de Villermont et O. Van Cauberg, administrateurs. Les commissaires sont : MM. le baron Osy, T'Kint de Roodenbeke, E. Drugman, comte Duval de Beaulieu et F. Tarrade. Commissaire du gouvernement, M. Hipp. Mathieu.

L'*Ancre*, société anonyme, approuvée le 1er décembre 1858 par le gouvernement autrichien, au capital de 5 millions de francs (2,000,000 fl. a.) divisé en actions de 5,000 fr. chacune ; la moitié du capital a été émis et 750,000 fr. ont été versés. La société est administrée par MM. A. Langrand-Dumonceau, directeur, E. Mercier, comtes de Hartig, Zichy, Larisch-

Monnich, baron O'Sullivan de Grass, Schwartz de Mohrenstern et docteur chevalier de Winiwarter. Le conseil de révision est composé de MM. comtes O'Sullivan de Grass, Rodolphe Hoyos et Ch. O'Sullivan. Commissaire du gouvernement, chevalier de Hoch.

La *Vennootschap-Nederland*, fondée en 1858, à Amsterdam, au capital de 2,116,000 fr. (1,000,000 de fl. P.-B.), divisé en 1,000 actions de 2,116 fr. chacune. 317,000 fr. ont été versés. Dans le conseil d'administration l'on rencontre inévitablement M. Langrand-Dumonceau et son plus fidèle ami, M. E. Mercier. On voyait aussi figurer M. le baron de Wykerslooth Van Weerdesteyn et MM. Bos et Dubourg, directeurs.

Ces sociétés, dites d'assurances sur la vie, ne mettent pas leurs souscripteurs en face de risques de mort réciproques, ne les exposent pas, comme les sociétaires des Rentiers Réunis, à appeler charitablement, les uns sur les autres, l'attention, la préférence de la Parque fatale, dont la gracieuse image orne, pour cette cause sans doute, la vignette de la police d'assurances. Elles traitent, plutôt directement et à forfait, avec les gens économes et prévoyants qui veulent s'assurer, à eux ou à leurs familles, un capital, une rente viagère, une ressource quelconque en cas d'accident, de mort, ou pour la vieillesse. Ces espèces de sociétés, de même que les caisses d'épargnes, de secours mutuels, et les formes nombreuses que prennent les institutions de prévoyance, ont un caractère licite, utile et moral (1) qui doit en faire en-

---

(1) *L'Ancre*, de Vienne, ne doit pas être encouragée en tant que faisant les assurances de survie concurremment avec les réassurances et les assurances sur la vie, à forfait. Outre le caractère vraiment immoral des premières, il est doublement inconvenant de voir une même société tenir maison de jeu tontinier et faire les

courager la propagation et le développement. Respectables par le but qu'elles se proposent, ces sociétés ne deviennent toutefois réellement dignes de notre considération que lorsqu'elles ont une base solide, une organisation saine et surtout une administration sévère qui soient une garantie sérieuse pour l'épargne des petites fortunes et des travailleurs. La Royale Belge, l'Ancre et la Nederland sont-elles de cette catégorie?

Disons d'abord que les encouragements ne leur ont pas fait défaut. La Royale Belge est la seule société du même groupe de financiers qui ait obtenu l'anonymat en Belgique, à cause de son but moral. Il aurait mieux valu ne faire qu'une seule société des trois, la Royale Belge, l'Ancre et la Nederland, non pas seulement pour économiser des frais superflus d'administration, mais encore afin de donner aux opérations plus d'étendue et surtout d'offrir

réassurances pour les infortunés joueurs, et de s'adonner enfin aux salutaires entreprises des assurances en cas de mort, rentes viagères, etc. Ainsi la même société, les mêmes administrateurs se font débitant de chances de mort dans les tontines, et de chances de vie dans les réassurances et les contrats de rentes, le noir et le blanc, tout cela dans la même boutique! Il est vrai que si en Belgique l'on a séparé les *Rentiers Réunis* de la *Royale Belge*, ce sont à peu près les mêmes hommes qui les administrent toutes deux.

On ne doit donc pas s'étonner que le gouvernement autrichien ait hésité, pendant plusieurs années, à accorder, à *l'Ancre*, l'autorisation de se constituer. « Il a fallu, dit M. Langrand-Dumonceau, malgré le concours empressé du ministre belge à Vienne, deux années de persévérantes démarches pour obtenir la concession de cette société en Autriche. Persuadés que nous nous trouvions sur un terrain fertile, nous ne nous sommes pas rebutés par les lenteurs et les obstacles. » Nous répétons qu'il y a grandement lieu de s'étonner en voyant un gouvernement, qui se respecte, couvrir de sa protection une société tontinière, et un ministre plénipotentiaire, employer les pouvoirs, l'influence dont il est investi, à favoriser de pareilles affaires.

plus de chances aux participants' et de sécurité pour la société. Mais cela n'aurait pas fait le compte des administrateurs; nous verrons à propos du Crédit foncier international, quels beaux émoluments, valent à ces messieurs, ces doubles emplois et sinécures.

L'exiguïté du marché naturel de la Royale Belge a bientôt porté cette société à chercher de la clientèle au dehors. Elle fait, ainsi que l'indique son dernier rapport, des opérations dans les différents États d'Allemagne, le grand-duché de Bade, le Wurtemberg, la Hesse, surtout en Prusse et dans les Pays-Bas, en concurrence avec la Nederland et avec l'Ancre. Cette clientèle, cherchée au loin, ne peut être bien surveillée que par une succursale, par une organisation spéciale, indigène, plus à même de se rendre compte des faits et accidents qui intéressent la société. C'est ainsi que sur les 20 sinistres, essuyés par la Royale Belge, en 1864, pour les capitaux en cas de décès et pour lesquels cette société a dû payer 60,774 fr., seize proviennent de sa clientèle en Prusse, dans divers États de la Confédération germanique et en Hollande, et quatre seulement en Belgique. Les officiers de santé de ces pays, si minutieux ordinairement dans les affaires de leur pratique, se seraient-ils fait peu de scrupule de déclarer comme valides des personnes déjà minées par la maladie, par la raison que des capitaux étrangers et non de leur pays, allaient se trouver compromis par le décès prématuré des têtes garanties? Ces praticiens allemands, nourris dans les classiques, seraient-ils un peu du tempérament de ces vieux Romains qui traitaient toutes les nations étrangères en ennemies, suivant l'axiome de la loi des XII Tables « *adversus hostem œterna auctoritas esto?* » ou bien simplement messieurs de la Faculté ne se feraient-ils pas un cas de conscience d'avantager de pauvres diables, aux dépens d'une riche et puissante société, en suivant un peu l'avis des casuistes, qui prétendent que l'on peut voler impunément les êtres collectifs tels que le fisc.

Quoi qu'il en soit, la concession d'opérer en Prusse, sollicitée pendant cinq ans et qui était « appelée à augmenter les bénéfices de la Royale Belge dans une grande proportion, » n'a pas porté bonheur, jusqu'à présent, à cette dernière, laquelle a fait, dans ce pays, les affaires du public et non celles des actionnaires et du restant de sa clientèle ; elle y a travaillé véritablement *pour le roi de Prusse.* Il n'est pas toujours vrai de dire, comme s'exprime le rapport de l'Ancre pour l'exercice 1862, que « la prospérité croissante (des opérations) soit la meilleure garantie que puissent souhaiter les actionnaires aussi bien que les assurés, c'est une vérité qui doit tout naturellement se présenter à votre esprit et sur laquelle il serait superflu de nous appesantir. » N'en déplaise à l'honorable rapporteur, il nous semble que si la Royale Belge et même l'Ancre, malgré les succès fabuleux de ses débuts, voyaient se répéter les sinistres que la première a essuyés en Prusse, l'année dernière, si « malgré les mesures prises par l'administration (même rapport de l'Ancre) pour mettre un frein à l'élément aléatoire de la mortalité, » si, en un mot, les décès réels étaient plus nombreux que les décès probables, prévus par les tables de mortalité, il faudrait bien que, malgré la prospérité croissante des opérations, l'on confisquât tout dividende et intérêt, comme le fit la Royale Belge pour l'exercice 1861, et que l'on entamât peut-être les garanties de la généralité des assurés. C'est, du reste, ce qui est fort à craindre, si ces sociétés continuent à marcher dans les errements où elles sont entrées dès leur début, ainsi qu'on va le voir.

Le vice capital des sociétés qui nous occupent maintenant, comme de toutes celles qui sont connues sous la raison sociale Langrand-Dumonceau , c'est de distribuer des dividendes qui ne sont ni encaissés ni même acquis, des bénéfices contestables. Ce vice qui les mine toutes et l'exagération choquante des frais généraux amèneront inévitablement la ruine prochaine de ces brillantes créations.

Les bénéfices se calculent, dans les tontines, sur le montant des sommes souscrites, que l'on surtaxe de 5 à 6 p. c. pour frais de gestion. Ces frais sont touchés en une fois, préalablement, avant même que le sociétaire ait fait son versement, soit unique, soit par annuités ; et, d'après la pratique usitée par la compagnie des Rentiers Réunis et autres sociétés semblables, on en distribue tout le montant, l'année même de l'ouverture des mutualités ou sociétés tontinières. Dans la Royale Belge le bénéfice ou frais de gestion est compris dans la prime que paye le souscripteur globalement ou en plusieurs termes, soit pour un capital, soit pour une rente viagère à obtenir pour lui ou pour un autre en cas de décès. On calcule la prime d'après les tables de mortalité, en en forçant un peu les chiffres, afin d'avantager plutôt la société. La part de la prime, qui correspond aux frais de gestion, peut-elle être regardée comme gagnée, acquise dès la première année du contrat à forfait, de l'opération, laquelle peut durer dix, vingt ans et plus ?

Nous avons vu comment les actionnaires des Rentiers Réunis s'étaient mal trouvés du système employé par l'administration, de distribuer, ainsi prématurément, les droits de gestion. Un résultat bien pire doit être la conséquence de la mise en pratique du même

système erroné pour les sociétés d'assurances sur la
vie, à forfait, telles que la Royale Belge, la Nederland
et l'Ancre. En effet, ces sociétés ne sont pas, comme
les sociétés tontinières, de simples entrepreneurs de
mutualités, de vrais *croupiers* irresponsables et sans
intérêt aucun dans les assurances mêmes, mais elles
s'engagent directement vis-à-vis des souscripteurs,
en cas de décès, de telle personne avant telle année
ou après telle année ou autrement, à payer un capital
à ses héritiers ou à un tiers, ou à servir une rente
viagère. Ici, l'on ne s'expose pas seulement, en escomptant les bénéfices, à n'avoir que de maigres
dividendes, pendant les années stériles, mais à n'en
pas avoir du tout, comme la Royale Belge, en 1861,
ou même à voir entamer la réserve, puis le capital,
et qui sait, à forcer les actionnaires à des versements. Qui vous dit que les tables de mortalité ne
seront pas défavorables à la Compagnie, pendant
plusieurs années de suite? On ne peut pas toujours
affirmer, comme le fait l'Ancre, en 1862 : « Nous n'a-
vons jusqu'ici aucun sujet de nous plaindre de la
manière dont s'exerce la mortalité parmi nos assurés
en cas de décès. » Car dans le même rapport, l'administration de cette société nous apprend que les
femmes l'ont doublement trompée, en mourant en
nombre plus grand que ne le permettait la statistique, et en forçant la société à payer pour chaque
sinistre une moyenne supérieure à celle qui avait été
computée par l'administration.

Nous voilà lancés en plein dans le champ des probabilités à la suite des vilains tours que le beau sexe
a joués à l'Ancre.

La Royale Belge a eu aussi bien des mécomptes :
ainsi, en 1861, le mouvement des décès s'est opéré
en opposition avec les prévisions des tables de mor-

talité pour les rentes viagères et les assurances pour
la vie entière. Il est survenu, pendant cet exercice,
71 sinistres, pour lesquels la Compagnie a payé
fr. 153,994 ; en 1862, il y a eu 38 sinistres qui occasion-
nèrent, à la Compagnie, une dépense de fr. 137,384 ;
enfin, en 1864, il y a eu 20 sinistres par suite desquels
la Compagnie a payé fr. 60,774, ainsi que nous l'avons
déjà dit en parlant des opérations de la Royale Belge,
en Prusse. Fiez-vous donc aux assurances que donnent les tables de mortalité et considérez comme
dûment établis et constatés, ainsi que le veut l'art. 39
des statuts, les bénéfices que vous computez, et puis
distribuez-les en dividendes !

Non-seulement la société est souvent induite en
erreur par la statistique, mais elle se fait illusion
elle-même par ses propres calculs, et notamment en
fixant la somme moyenne assurée sur chaque tête.
Ainsi, dans le rapport sur l'exercice 1864 de la
Royale Belge, nous voyons que l'on fait la moyenne
des engagements par tête en divisant tout simplement
la somme totale des engagements fr. 12,345,305 91
par 1,980, nombre des personnes assurées, soit de
6,235 fr. En examinant le tableau, inséré dans le
rapport, nous trouvons que 1,233 têtes ne sont assurées réellement que pour 2,405,189 fr., tandis que les
747 têtes restantes le sont pour 9,940,116 fr. Il fallait
donc un autre procédé pour trouver une juste
moyenne avec de pareils éléments. L'Ancre a reconnu,
en 1862, par sa propre expérience la fragilité de ces
calculs de la moyenne : « La somme payée en
moyenne pour chaque sinistre, dit le rapport de la
société, pour cet exercice, a surpassé de 232 fl. 3 kr.
la moyenne des sommes assurées, sur une tête, aux
différents âges ; il en est résulté sur la totalité des
sinistres, une différence de 25,262 fl. 94 kr. payés au

delà de la somme, dont la mortalité probable dérivée de nos tables, combinée avec la moyenne des sommes assurées sur une tête aux différents âges, faisait prévoir le payement. »

C'est donc simplement un calcul à effet que celui de la Royale Belge (rapport pour l'exercice 1864) annonçant, avec satisfaction, que la moyenne, par tête, des sommes assurées était descendue de 424 fr. Et puisque nous parlons de la comptabilité à effet, nous demanderons quelles sont l'origine et la valeur réelle du *fonds de prévoyance?* Il ne s'agit pas ici d'une réserve prélevée sur les bénéfices et destinée à parer à des besoins imprévus, à des pertes. Est-ce au moyen d'une partie spéciale de la prime payée pour les assurances, en cas de décès, que ce fonds se compose ou n'est-ce tout uniment qu'une partie quelconque distraite du capital de cette prime et nécessaire pour couvrir les sinistres? Ce ne serait donc que l'affectation des fonds, propres à une catégorie d'opérations de la société, que l'on a décorée du nom de fonds de prévoyance. Les rapports et les bilans de l'Ancre et de la Royale Belge, comme de maintes autres sociétés, contiennent ainsi une foule de détails douteux, suspects, qui, loin d'éclairer les actionnaires et le public, sont ou bien des énigmes ou quelquefois de véritables piéges à loups. Il faudrait un glossaire à côté de ces rapports.

Ne nous laissons pas égarer dans ce labyrinthe, et aux fausses clartés de la publicité (1) de nos sociétés

(1) Une société d'assurances sur la vie, étrangère, qui fait, en ce moment, un déballage chez nous, indique, dans ses annonces-réclames, le chiffre de sa garantie sociale, tant en immeubles, tant en rentes sur l'État et tant en autres bonnes valeurs ; mais elle ne parle pas de la hauteur de ses engagements, ce qui est indispensable cependant pour que l'on puisse juger si cette garantie est suffisante.

anonymes ; revenons aux dangers qu'il y a pour des sociétés comme l'Ancre, la Royale Belge et la Nederland d'escompter des bénéfices supputés seulement, mais nullement acquis, ni irrévocablement gagnés, en présence des nombreuses chances mauvaises qui les menacent, pendant de longues années. Une société d'assurances sur la vie qui ne sait pas, qui ne peut pas savoir si elle fera, réellement ou non, des bénéfices pendant les premières années, ne devrait pas distribuer de dividende avant d'être sortie de l'époque où des sinistres adventices peuvent enlever les fruits que promettaient les tables de mortalité ; ses prévisions n'ont pu, en réalité, se réaliser dans un si court espace de temps Et l'on a remarqué que toutes celles qui ont manqué à cette sage réserve, en donnant, dès la première année, un dividende, n'ont pas tardé à être rudement éprouvées ou culbutées. Pour elles, le temps des semailles et de la germination est plus long, il comprend les termes mêmes assignés à leurs contrats à forfait avec les souscripteurs. Voilà le conseil de la prudence et d'une vieille expérience. Comment se comportent les sociétés dont nous nous occupons !

M. Langrand-Dumonceau et ses amis ont répudié ce conseil et rompu avec les traditions des bonnes sociétés d'assurances sur la vie, pour proclamer qu'il fallait distribuer, année par année, au fur et à mesure que s'inscrivent les assurances, la partie de la prime qui correspond aux chances favorables à la société, partie qui cependant n'est acquise réellement qu'à la

La Royale Belge et *l'Ancre* font connaître minutieusement, dans leurs rapports annuels, tous leurs engagements, mais sans mettre en regard le montant des primes reçues, de sorte qu'il est impossible d'apprécier si leurs ressources répondent aux engagements de la société. C'est bien dans des opérations de cette nature qu'il faudrait une publicité sincère et complète.

fin de l'opération. Et cette théorie, condamnée par *l'Economist* (1), de Londres, ils l'ont appliquée imperturbablement dans les sociétés qu'ils ont fondées, la Royale Belge, l'Ancre et la Nederland. Dans le bilan pour l'année 1861, cette année fatale où le chiffre du dividende est en blanc, la Royale Belge fait remarquer, en guise de consolation sans doute, qu'elle a donné, pour les exercices antérieurs, une moyenne de dividende dépassant 10 p. c. Pendant les années 1858, 1859 et 1860, cette moyenne dépasse 12 1/2 p. c. La Nederland donna, la première année, 15 p. c., plus un solde de compte de 18,000 fl. P.-B. La seconde année, elle eut la même bonne fortune, plus un solde de 30,000 fl.

Mais l'Ancre surpasse ses deux sœurs par ses débuts éclatants : dès la première année, ainsi que le déclare son directeur, elle aurait pu distribuer au delà de 80 p. c. tout en se réservant, pour les années suivantes, un bénéfice dépassant 500,000 fl. v. a., provenant de son portefeuille d'assurances en cas de décès. Les administrateurs ne proposèrent de donner que 50 p. c.; et croirait-on que, malgré cette modération, le commissaire du gouvernement autrichien près de la Compagnie s'y opposa, prétextant qu'il fallait répartir les bénéfices sur les cinq années suivantes, parce que les versements des primes par les assurés étaient échelonnés sur cet espace de temps. Et il n'accordait qu'un maigre dividende de 11 p. c.! C'était intolérable. Le directeur de l'Ancre se plaint amèrement de cette façon tudesque d'agir, dans un rapport qu'il fit à l'Association générale d'assurances, le 25 février 1861. Mais il dédommagea les actionnaires en leur promettant, les années suivantes, des

(1) Voir notre *Annuaire financier de la Belgique*, 1re année, p. 214.

résultats vraiment dignes d'être cités (mais seulement pour mémoire, hélas!) « Les bénéfices qui n'ont été que de 11 p. c., pour la première année sociale, s'élèveront déjà à 25 p. c. pour la seconde et *augmenteront successivement d'année en année*. Nous avons pu être contrarié de la mesure prise par le gouvernement à l'égard de notre premier bilan, mais nous reconnaissons qu'il n'a été mû que par des considérations d'intérêt public et qu'il n'a eu en vue que d'asseoir notre établissement sur les bases les plus solides. » A la bonne heure. Le directeur ajoutait, après avoir supputé les bénéfices acquis à répartir les années suivantes : « ... Soit un bénéfice net, réservé pour l'avenir, de 1,820,000 fl., dont 220,000 à répartir pendant les quatre années suivantes, ce qui représente déjà, pour les quatre années, un dividende de 45 p. c. en dehors des bénéfices qui résulteront des souscriptions nouvelles et que l'on peut évaluer, sans aucune exagération, de 10 à 15 p. c. par an, de telle sorte que selon toute probabilité, les actionnaires de l'Ancre, avant cinq ans, pourront compter sur un dividende annuel qui ne sera pas au-dessous de 100 p. c. du capital versé. Vers la même époque, le bénéfice non réparti pourra s'élever à environ 4,000,000 de florins. »

C'était beau, magnifique ; malheureusement c'étaient des calculs de la force de ceux que fait, aussi naïvement, le personnage du bon Lafontaine, dans la fable de la Laitière et du Pot au lait. Après avoir habitué ses actionnaires à un revenu moyen de 10 p. c., pendant les neuf premières années, la Royale Belge les réduit de moitié, de façon que ceux qui ont eu la mauvaise chance d'acheter des titres libérés, de 300 fr., à 750 fr., ont aujourd'hui un bien triste intérêt de leur argent, soit 2 1/4 p. c. à peine. Mais voyons

comment se sont terminés les *châteaux en Autriche* (1).
que l'Ancre promettait à ses actionnaires : au milieu
des embarras et des déceptions de toutes sortes dont
nous avons donné quelques échantillons plus haut,
les bilans de l'Ancre, pour les exercices 1861 et 1862,
proposent timidement un dividende de 20 p. c. ! Et
ensuite? Ensuite, l'Ancre ne publia plus de rapport
comme précédemment, et la cote, où figure son nom,
marque zéro à la colonne des dividendes comme à
celle des cours.

On voit si le commisssaire autrichien était bien
inspiré quand il mit son *veto* sur cette plantureuse
distribution de dividende proposé, dès la première
année et pour les années subséquentes. Il est à re-
gretter que le commissaire du gouvernement près la
Royale Belge n'ait pas imité son confrère autrichien ;
les actionnaires de cette société ne seraient pas aujourd'hui condamnés aux années de stérilité après
avoir goûté de la première partie du songe biblique
des sept vaches grasses et des sept vaches maigres.

C'est le propre des institutions Langrand-Dumonceau de donner une *sécurité parfaite* et un *profit élevé*,
ainsi que ce financier s'en vante dans ses *Notions
pratiques*. On vient d'en voir une nouvelle preuve.
Nous croyons plutôt que le propre des sociétés administrées par le même groupe financier c'est d'exploiter à outrance, dès le début, au risque d'appau-
vrir le fonds ; c'est de donner des bénéfices quand
même, des bénéfices qui ne sont qu'une portion du
capital et qui exposent les entreprises, privées de
leurs ressources naturelles, à une ruine certaine.

(1) C'est le nom d'une brochure publiée à Bruxelles, en 1865, sur
les opérations de M. Langrand-Dumonceau en Autriche, opérations
qui semblent être pour l'auteur de même nature que les *Châteaux en
Espagne*.

CHAPITRE III.

Association générale d'assurances.

Société en commandite, sous la raison sociale *Langrand-Dumonceau et C*ie, qui fut fondée, à Bruxelles, le 8 août 1859, au capital de 20 millions de fr., divisé en 10,000 actions, de 2,000 fr. chacune. 4,000 actions furent émises tout d'abord et la Société commença ses opérations avec un capital de 4 millions de fr., souscrits par les fondateurs. La Société était administrée par deux gérants responsables, MM. de Hirsch et A. Langrand-Dumonceau, le premier spécialement chargé de la comptabilité et du service intérieur et le second, des relations avec les sociétés belges et étrangères pour l'achat et la vente d'actions. Ils devaient posséder, chacun, cent actions de la Société. Le conseil de surveillance se composait de MM E. Mercier, ministre d'État, Hennequin, comte Duval de Beaulieu, Dumon, ancien ministre, et Bamberger, d'Anvers. Les censeurs devaient être propriétaires de 50 actions. L'Association générale d'assu-

rances était fondée pour un terme de 10 ans; mais
elle eut une fin prématurée, dont nous ferons connaître
la principale cause, de sorte que nous ne la traiterons
que pour mémoire et pour l'édification publique.

Si un administrateur, directeur, gérant ou commissaire d'une société spéculait ou était soupçonné de
spéculer sur les valeurs de la société qu'il administre,
il encourrait un blâme sévère de la part de l'opinion
et de ses commettants; de même qu'un ministre, qui
se servirait des secrets d'État, des dépêches officielles
pour spéculer sur les fonds publics, exciterait la ré-
probation générale. Aussi, les uns et les autres se
gardent bien de commettre un tel abus de confiance,
qui ne peut profiter à quelques-uns qu'aux dépens
de la généralité des actionnaires. Comment a-t-il pu
être admis que ce qui était inique, immoral pour
chaque individu en particulier pouvait devenir légitime en société, comment les actionnaires des Rentiers Réunis, de la Royale Belge, de la Nederland,
de l'Ancre et de la Vindobona ont-ils toléré qu'une
association, fondée pour vendre et acheter des actions
de ces sociétés et spéculer sur les variations des
cours, pût être administrée et surveillée par leurs
propres directeur et administrateurs? Ces derniers
connaissant la marche de ces différentes sociétés,
leur bonne comme leur mauvaise fortune, connaissant le chiffre du dividende bien avant qu'il ne soit
notifié au commun des actionnaires, ont le moyen
d'acheter, préalablement, quand la hausse est certaine
ou de vendre, quand ils savent que la baisse est im-
minente. Une telle association peut avoir la crême
et ne laisser que le petit lait au public. Est-ce juste,
est-ce honnête?

C'est donc avec une entière mais triste vérité que
l'on peut appeler une telle entreprise, une *associa-*

tion d'assurances, puisque l'on peut agir à coup sûr, ainsi que le fait remarquer M. Langrand-Dumonceau, dans une circulaire du 9 août 1859, le lendemain de la création de l'Association générale d'assurances, quand il dit : « Les résultats obtenus par les sociétés d'assurances (Rentiers Réunis, Royale Belge, etc...), formées par mes soins et ceux que je suis fondé à attendre de celles qui s'organisent, me *donnent la conviction* que les actions de l'Association générale d'assurances produiront, dès le premier exercice, un dividende qui variera entre 15 et 25 p. c. du capital versé. »

Après de tels procédés, que l'on prend si peu de soin de dissimuler, comment veut-on que les actionnaires, ceux qui ne font point partie de ces associations *d'assurances* prennent au sérieux le zèle que M. Langrand-Dumonceau affecte à leur égard quand il leur dit plus tard : « Ne prenez conseil dans la direction à donner aux valeurs de nos sociétés que des communications que notre expérience et notre dévouement à vos intérêts nous portent à vous adresser *personnellement.* » Est-il bien venu à les mettre en garde contre les gens de la Bourse alors qu'il dirige une société qui n'a d'autre but précisément que de spéculer sur les propres actions de ses sociétés. Ces paroles que l'on trouve encore dans une récente circulaire, pourront paraître une mauvaise plaisanterie à ceux qui ont de la mémoire :

« Informé de différentes localités du pays, que des émissaires, prévoyant une hausse sur les actions de la société de Crédit foncier international et ne consultant que leurs intérêts personnels au détriment des actionnaires, les engagent, à l'aide de moyens déloyaux, à vendre leurs titres pour les leur acheter au-dessous du taux de la Bourse, je crois devoir vous tenir en garde contre les manœuvres de ce genre dont vous pourriez être l'objet. »

L'on excuserait, on approuverait même des capitalistes qui se réuniraient dans une mutualité pour partager les risques des mauvais placements, des revers que peuvent occasionner les actions de quelques établissements, par les bénéfices qu'ils recueilleraient au moyen d'actions d'autres sociétés. C'est la *compensation* et en quelque sorte l'*arbitrage* appliqués par une association. C'est ce qui inspira jadis la création en Belgique, des sociétés des Capitalistes Réunis dans un but de mutualité industrielle et des Actions Réunies. Cependant ces deux sociétés avaient aussi et autant pour but de favoriser directement les entreprises que de spéculer tout simplement sur les valeurs de bourse. Plus tard, elles se sont laissées aller à circonscrire leurs opérations et à se borner aux affaires de spéculation de bourse ; ce premier abus a été aggravé aussi par la circonstance que les administrateurs de ces deux sociétés étaient en même temps administrateurs, directeurs ou commissaires de toutes les entreprises dont les actions font l'objet des opérations sociales de la Mutualité et des Actions Réunies. Cependant il y a pour ces deux sociétés des circonstances atténuantes que l'on n'a pas trouvées dans l'Association générale d'assurances. C'est ainsi que la première avait aussi pour but de favoriser l'industrie, de consacrer une partie des dividendes (5 p. c.) à la fondation de monuments ou d'établissements d'utilité publique (nous ne savons si elle a réalisé cette partie de ses statuts). La seconde avait également un but varié, et si on peut lui reprocher d'être administrée par les mêmes hommes, que l'on retrouve dans les conseils de direction, administration ou de surveillance de toutes les sociétés dont les titres doivent faire l'objet de ses opérations, l'on doit dire que le danger est moins grand que pour la précédente, par la raison que toutes ces sociétés opèrent au grand jour de la publicité. On sait en effet que la plupart de toutes les sociétés patronnées par la Banque de Belgique et dont les actions se trouvent dans le portefeuille des Actions Réunies, ont l'habitude, même les sociétés de charbonnages , de publier des comptes rendus annuels détaillés. Il en est autrement, comme l'on sait des sociétés charbonnières, nombreuses et puissantes, que patronne la Société Générale et dont les actions font l'objet des opérations de la Mutualité industrielle.

On s'explique, par les tempéraments que nous venons d'exposer, que le gouvernement ait accordé l'anonymat à ces sociétés, alors que l'on ne pouvait prévoir l'application incorrecte, vicieuse même que l'on ferait des statuts, par le choix des administrateurs ; et il est vraiment étonnant que les commissaires du gouvernement n'aient pas mis obstacle à ces abus. Mais l'Association générale d'assurances, annonçant carrément, dans ses statuts qu'elle se proposait la spéculation sur les actions des sociétés, dont l'un de ses gérants et ses censeurs étaient à la fois directeur et administrateurs, pouvait-elle se flatter d'obtenir l'anonymat? Elle avait cependant chargé ses gérants de faire toutes les démarches nécessaires pour opérer la conversion de cette association en société anonyme et pour obtenir l'autorisation du gouvernement à cet effet

Nous venons de voir l'organisation de cette société, examinons-en la gestion.

Quoique l'année sociale se clôturât, le 30 juin et que l'assemblée générale des actionnaires dût se réunir, dans le courant du semestre suivant, l'on a, pour le premier exercice, reculé la présentation des comptes

jusqu'au 25 février 1861, afin de pouvoir fournir sur
les différentes sociétés, dans lesquelles l'Association
générale d'assurances avait des intérêts, des renseignements, qu'il eût été impossible à la gérance de
donner, puisque les bilans de la plupart de ces
sociétés ne sont fixés qu'au 31 décembre. Or, comme
M. Langrand-Dumonceau est aussi bien directeur de
toutes ces sociétés qu'il était gérant de l'Association
générale, il n'a pas eu besoin d'attendre la présentation des rapports, en assemblée générale ou leur publication, pour faire connaître, aux actionnaires de l'Association, les résultats de l'exercice écoulé de ces différentes sociétés. Nous en avons la preuve dans le
rapport supplémentaire qu'il fit, en son nom personnel, le 25 février, aux actionnaires de l'Association,
sur la situation respective des Rentiers Réunis, de la
Royale Belge, de la Nederland, de l'Ancre et de la
Vindobona. Il y a eu, là, tout au moins de l'indiscrétion, dont les autres actionnaires de ces sociétés
auraient pu demander compte à leur directeur commun. C'est un exemple frappant des incompatibilités
que nous avons signalées, entre les fonctions de gérant d'une société de spéculation alors que le même
homme est directeur, administrateur ou commissaire
des compagnies mêmes dont les titres font l'objet de
cette spéculation.

Le 25 février 1861, eut donc lieu la première assemblée des actionnaires de l'Association générale d'assurances. Le rapport présenté par la gérance n'accusait
absolument aucun bénéfice, pour le premier exercice ;
au contraire, il y avait un déficit de fr. 66,817-30 pour
avoir payé 5 p. c. sur les actions, le 30 juin 1860,
alors qu'il n'avait été encaissé ni dividende ni intérêts
sur les principales valeurs composant le portefeuille
de l'Association.

4.

C'est le défaut de coïncidence des exercices respectifs de l'Association et des sociétés, dont les titres faisaient l'objet de la spéculation de la première, qui ne permit de distribuer une dividende réel, acquis qu'après le 30 juin 1861, époque de clôture de la seconde année sociale de l'Association. Les bénéfices furent alors de 6 p. c. du capital versé. Quoique, dans les rapports de l'Industriel et de l'International, M. Langrand ait l'habitude de faire entrevoir déjà aux actionnaires les bénéfices que les sociétés sont en train de réaliser, depuis la clôture du bilan, au jour de l'assemblée, les gérants de l'Association générale d'assurances déclarent, dans leur rapport du 5 août 1861, que, bien que pour les Rentiers Réunis, la Royale Belge, la Nederland et l'Ancre, il y eût déjà six mois d'exercice écoulé et trois mois pour la Vindobona, ils ne tenaient pas compte de ces bénéfices au bilan de 1860-1861, parce que les règles de la comptabilité et les prescriptions des statuts ne permettaient pas de s'en rapporter à de *simples évaluations*. Nous préférons cette façon d'agir.

Le portefeuille se composait, au 30 juin 1860, de 188 actions Vennootschap-Nederland (fr. 94,000) de 66 de la Royale Belge (fr. 33,000), de 116 des Rentiers Réunis (fr. 58,000), de 107 de l'Ancre (fr. 414,500) et de 1250 actions de la Vindobona (fr. 1,538,364-48). Pendant le second exercice, il n'y eut aucun changement dans le portefeuille, si ne n'est l'achat de 22 actions de la Royale Belge et de 50 des Rentiers Réunis. Les actions de la Vindobona formaient donc les 2/3 du capital, parce que, dit le rapport: l'Association a été créée principalement dans le but de fonder la Vindobona. On peut bien dire que ce gros enfant a tué sa mère, en naissant. Or, comme le premier exercice, 1860, de la Vindobona ne comprenait que huit mois, que peu de bénéfices avaient été acquis, pendant cet espace de temps, et que, à cause de la difficulté du change sur Vienne, les gérants de l'Association proposaient déjà de mettre à la réserve ces bénéfices, il s'était produit un certain mécontentement parmi les actionnaires. En revanche, la gérance avait cru utile de proposer aux actionnaires de l'Association générale, de leur distribuer les valeurs qui constituaient l'avoir social ; « les particuliers n'étant pas individuellement tenus à autant de prudence que la gérance d'une société, chacun se serait trouvé libre par là de toucher ces bénéfices ou de les mettre à sa réserve personnelle. »

Cette mesure, qui ressemblait à une liquidation partielle, avait donné lieu à des bruits peu bienveillants et à des suppositions erronées, dit le rapport, et la gérance ne la proposa point. Ces préludes d'hostilité devaient être suivis d'une campagne fatale. Le rapport du 25 février 1861 renfermait assez de détails sur le portefeuille ; il affirmait que toutes les valeurs s'y trouvaient cotées au prix d'achat. Les commissaires déclaraient, de leur coté, que les actions du portefeuille avaient été achetées à des prix qui leur paraissaient avantageux ; et comme pour prévenir l'éclat qui se préparait, on lisait dans le rapport des commissaires, un extrait du procès-verbal de la séance où fut examiné le bilan et qui était ainsi conçu : « Le conseil juge convenable d'y consigner que des actionnaires ayant pris des informations, près du président du conseil, sur le prix de revient des actions de la société la Vindobona, il a été constaté que ces actions ont été acquises au pair par l'Association. Enfin, quoique M. Langrand priât l'assemblée de compter sur sa prudence, sur toute son activité et sur tout son dévouement, ces intrigants d'actionnaires n'étaient pas encore satisfaits ; et ils firent l'injure aux gérants de demander l'ajournement de l'assemblée, afin de mieux vérifier le bilan et les pièces à l'appui.

M. Langrand-Dumonceau s'empressa de dire que l'on mettrait, à la disposition des actionnaires, toutes les pièces et les documents propres à les éclairer, qu'il reconnaissait le fondement de leur demande et qu'il voulait aussi que l'on mît fin à des doutes injurieux pour la gérance. Mais lorsqu'une députation d'actionnaires se présenta, chez lui, le 28 février, il fut répondu qu'il fallait aller chez le co-gérant, qui détenait les livres de la société. Celui-ci déclara net, à cette députation, qu'il ne reconnaissait pas les actionnaires d'une commandite, en dehors de l'assemblée. Sur ce, comme s'exprime gracieusement l'officier ministériel, dont l'intervention et le timbre furent aussitôt requis, les actionnaires, rebutés d'une façon fort polie du reste, protestèrent en faisant acter, « pour que la gérance n'en ignore, que les prénommés avaient demandé aux gérants, de leur communiquer les pièces à l'appui du bilan, les livres de la société et que les gérants avaient répondu qu'ils n'avaient rien à communiquer. »

L'assemblée, réunie de nouveau, fut marquée par des incidents, des révélations, des démentis, les actionnaires continuant à être travaillés par un désir immodéré de voir les livres de la société, et les gérants tenant *mordicus* à ne pas les exhiber. Que voulaient donc y voir les actionnaires? Comme nous avons l'habitude de ne rien avancer que sur des documents, émanés presque toujours de ceux dont nous jugeons les actes, nous nous contenterons de répondre avec le chansonnier :

> Ce que c'était je pourrais vous le dire
> Mais je me tais par respect pour les mœurs

financières. Les actionnaires ne virent pas ces livres mystérieux, fermés avec les sept sceaux et on ne les verra jamais. Il s'agissait, dans tout ce différend, d'une question importante au point de vue des droits respectifs des directeurs de sociétés et des actionnaires. Il ne fallait pas laisser s'introduire un précédent, en vertu duquel, il fût permis aux commanditaires de venir inspecter leurs propres affaires. Imaginez-vous qu'il soit loisible au *servile pecus* d'actionnaires, au commun des martyrs — le mot est, hélas, trop vrai, les actionnaires n'étant que les martyrs ou témoins muets des abus de nos sociétés! — imaginez-vous qu'il leur soit loisible de mettre le nez dans les livres et les secrets des sociétés, serait-il possible de gouverner. Adieu, les bénéfices indirects du métier, les petits profits d'un administrateur honnête. Qui voudrait des honneurs de l'administration à ces conditions?

Il faudrait cependant qu'une société, comme un gouvernement, agît au grand jour, qu'elle opérât, en quelque sorte, dans une maison de verre transparente; qu'un rentier sût, exactement, ce que devient l'argent qu'il a versé et par quel procédé l'on récolte les bénéfices qu'on distribue ou les pertes qu'on lui inflige. Il faudrait exiger, des sociétés financières et industrielles, ce que notre bon Jobard demandait un jour, d'un ton facétieux, des hôteliers et restaurateurs, c'est qu'ils tinssent leurs fourneaux sous les yeux, à l'inspection des consommateurs, afin que l'on s'assurât de leurs procédés culinaires, de la sincérité de leurs sauces et consommés.

Depuis, les actionnaires de l'Association générale d'assurances se sont calmés, et, quand ils furent remboursés par 800 fr. des 600 qu'ils avaient versés, ils ont fait quittes leurs gérants et leur ont laissé les livres pour compte. Ils ont toutefois juré, comme le personnage d'une fable bien connue, qu'on ne les y prendrait plus.

Mais il nous a semblé que le fait méritait d'être cité, et nous étions tenté de faire connaître les noms des membres de l'Association générale d'assurances qui ont donné un si bel exemple de courage, en un temps, où les assemblées d'actionnaires ressemblent presque à une audience de tribunal : le bureau y tient ou affecte la place et un peu les façons des juges, alors que les actionnaires sont les mandants, les seuls juges, et les administrateurs, les vrais prévenus ou justiciables.

DEUXIÈME PARTIE.

LES SOCIÉTÉS HYPOTHÉCAIRES.

CHAPITRE I.

La Banque hypothécaire belge.

Quoique cette société ait été fusionnée dans le Crédit
foncier international, nous croyons devoir en faire
l'objet d'une étude particulière, parce qu'elle nous
fournit l'occasion d'apprécier entièrement le système,
l'économie financière des institutions hypothécaires
et foncières de M. Langrand-Dumonceau. La Banque
hypothécaire belge fut fondée, à Bruxelles, à la fin de
1860, pour une durée de 50 ans, au capital de
12 millions de francs, divisé en 12,000 actions de
1000 fr. chacune. La première année, il ne fut émis
que 4000 actions, sur lesquelles 15 p. c. seulement

furent versés ; les autres actions furent placées, les années suivantes, 2000 en 1862 et 6000, en 1863, ce qui porta le capital versé à 1,800,000 fr. Administrateurs responsables : MM. E. Mercier, A Dechamps, P. De Decker, comte Duval de Beaulieu et A. Langrand-Dumonceau. Le conseil de surveillance se composait de MM. A. Dumon, baron Osy, baron de Wykersloth, comtes d'Hane-Steenhuyse et Maurice de Robiano, Terrade, chevalier de Burtin d'Esschenbeek, baron d'Olmen de Poederlé, ch. Boucquéau, G. de Mévius, J. Neef.

La Banque hypothécaire belge était une société en commandite, ses fondateurs ayant inutilement sollicité, du gouvernement belge, l'anonymat pour leur institution ; c'est de quoi se plaint M. Langrand dans plusieurs publications, en 1861 et en 1864, faisant remarquer que les gouvernements autrichien et néerlandais lui avaient été plus favorables, le premier en accordant, à la Banque hypothécaire belge, la reconnaissance officielle avec tous les avantages qui s'y rattachent, et le second, en concédant la forme anonyme, à la Banque hypothécaire néerlandaise. Cette dernière concession n'était pas toutefois une faveur, puisque, comme pour les brevets, chez nous, il est permis à tout le monde, en Hollande, de se constituer, en société anonyme, lorsque l'on a accompli certaines formalités déterminées. Quant au gouvernement belge qui a cependant autorisé deux sociétés anonymes pour les prêts à long terme, remboursables par annuités, la Caisse hypothécaire, en 1835 et la Caisse des propriétaires, en 1836, on ne sait pas pour quel motif il n'a pas voulu approuver les statuts de la Banque hypothécaire belge, qui étaient, affirme M. Langrand, calqués sur ceux des deux sociétés précédentes. N'est-il pas vraisemblable que la pratique nouvelle et dangereuse d'escompter les bénéfices des annuités, ainsi que le faisaient les Rentiers Réunis et la Royale Belge, deux créations de la même école, administrées par les mêmes hommes qui fondaient l'Hypothécaire Belge, est un des motifs de ce refus.

Cette institution arrivait au bon moment, et elle présentait des éléments de succès incontestables. Nous pensons même que la forme sous laquelle on l'établit, celle de société en commandite, avec des administrateurs responsables de la gestion, même indéfiniment sur leur fortune personnelle, était plus favorable pour attirer la confiance que les sociétés à responsabilité limitée, le Crédit foncier international et la Banque internationale de crédit agricole, qui continuent ou doivent continuer, en Belgique, les opérations de l'Hypothécaire belge. Notre pays avait et a encore un grand besoin d'établissements de crédit foncier, car ceux qui existent sont ou imparfaits ou insuffisants. Voyons comment l'Hypothécaire belge profita de ces circonstances.

Voici un sommaire des opérations de cet établissement, pendant les trois exercices, qu'il a fournis, jusqu'à sa fusion, le 1er avril 1864, dans le Crédit foncier international. En 1861, les prêts hypothécaires effectués s'élevaient au capital de fr. 2,432,977, et les lettres de gage, à celui de fr. 2,404,700. Au 31 décembre 1862, le chiffre des prêts hypothécaires atteignait fr. 11,889,527, et celui des lettres de gage, fr. 11,834,400; enfin, le bilan du troisième exercice accuse pour fr. 25,421,602 de créances hypothécaires et une circulation de lettres de gage de fr. 21,251,750. Du 31 décembre, clôture de ce dernier exercice, jusqu'au mois d'avril, la société a dû accroître encore le chiffre de ces opérations géminées, qui forment le rouage financier de toute banque hypothécaire, c'est-à-dire prêter à un taux

d'interèt un peu supérieur à celui qu'elle doit servir,
elle-même, aux preneurs de ses obligations ou lettres
de gage.

En suivant les règles d'une comptabilité normale,
une société hypothécaire ne devrait distribuer, pendant les premières années, que des dividendes très-
modérés, sauf à les augmenter au fur et à mesure de
l'accroissement de ces opérations et de la rentrée des
annuités. C'est ce que font la plupart des sociétés
telles que le Crédit foncier de France, nos deux
Caisses hypothécaires et les sociétés allemandes qui
ont servi de modèles à toutes celles qui se sont con-
stituées dans le reste de l'Europe. C'est là, ce qui dé-
termine et justifie la valeur sans cesse croissante de
leurs titres.

Les institutions hypothécaires de M. Langrand-
Dumonceau ont divorcé avec ces traditions, comme
les sociétés d'assurances sur la vie, du même financier,
l'avaient fait également, ainsi que nous l'avons vu en
examinant les Rentiers Réunis, la Royale Belge, etc.

En effet, dès la première année, l'Hypothécaire
belge distribua 10 p. c. ; le dividende du second
exercice, 1862, fut de 15 p. c, et celui de l'année 1863
a été de 74 plus 5 p. c. d'intérêt. D'où provenaient ces
dividendes? Ils ont été obtenus en escomptant les frais
de gestion (1) compris dans les annuités ; et comme
on va le voir, ces frais atteignent des chiffres fabuleux. D'après le bilan pour l'exercice 1861, les frais
de gestion, pour tout le cours de l'amortissement
des prêts hypothécaires, faits en cette année, amortissement qui peut être échelonné sur un espace de
5 à 20 années, ces frais s'élevaient à fr. 145,491-42,
pour fr. 2,433,000 de créances hypothécaires ; en

____

(1) On sait que l'annuité comprend l'intérêt, l'amortissement, plus
une commission ou frais de gestion.

1862, les frais de gestion, qui, dans les bilans sont libellés sous le nom de *commissions*, ont été de fr. 542,173 pour fr. 9,887,500 de créances, et en 1863, de fr. 1,214,611, pour fr. 12,371,240 de créances.

Ces frais de gestion, ou commission ne devaient être touchés par la Banque qu'au fur et à mesure du payement des annuités. Pour les distribuer en dividende, à ses actionnaires, dès la première année, avant de les avoir encaissés, elle a donc dû recourir à un emprunt ou toucher au capital.

Cette innovation malheureuse, inaugurée par l'Hypothécaire belge, et imitée, depuis, par les autres institutions foncières de M. Langrand-Dumonceau, présente un danger pour l'avenir de ces institutions. Car, en escomptant les bénéfices de leurs créances hypothécaires, au fur et à mesure qu'elles les acquièrent, en ne pensant pas aux années de stérilité qui pourraient survenir, elles exposent leurs actionnaires à la famine, c'est-à-dire à ne rien toucher du tout pendant ces dernières années. Pour les autres institutions foncières, telles que le Crédit foncier de France, qui ne distribuent les bénéfices qu'au fur et à mesure de la rentrée des annuités, l'hypothèse d'une année tout à fait nulle pour leurs opérations, n'aurait d'autre conséquence que de borner le chiffre du dividende à celui à peu près de l'exercice précédent. Le troisième bilan de l'Hypothécaire belge nous fournit une preuve du danger de l'innovation que nous signalons. L'on y fait figurer une autre espèce de bénéfices sur annuités, s'élevant à fr. 1,981,013-07, et provenant de ce que l'on a escompté le bénéfice *des intérêts*, compris dans les annuités dues à la Banque, par les emprunteurs. Bien que ce bénéfice n'ait pas dû être distribué, ainsi que l'affirmait M. Langrand-Dumonceau, dans sa réponse à John Patrick O'Neil, insérée dans l'*Écho du Parlement du 28 avril* 1864, nous verrons cependant, en traitant de la fusion de l'Hypothécaire belge dans l'International, que cette dernière société a dû supporter, du chef de l'escompte des annuités de la première, une perte de fr. 1,294,885-94. Nous avons aussi à signaler la disparition du fonds de prévoyance de fr. 390,000, qui se fondit, on ne sait comment, dans le compte de profits et pertes de l'exercice 1863, alors que l'on avait déclaré, dans le rapport de l'exercice précédent, que cette espèce de fonds était tout à fait indispensable.

S'il est imprudent, pour toute société hypothécaire ou foncière, d'escompter les bénéfices de ses annuités, cela est un vrai danger pour celles qui opèrent, comme les institutions de M. Langrand-Dumonceau, dans des contrées, célèbres par la fréquence des révolutions politiques et financières. Nous reviendrons sur ce point dans un chapitre que nous consacrons spécialement aux lettres de gage.

A cause de ces déplorables pratiques financières, nous croyons que M. Langrand-Dumonceau aura bien de la peine à tenir la promesse qu'il a faite, aux actionnaires du Crédit foncier international, dans les *Notions pratiques*, en date du 26 mai 1864, quand il a dit : « Les actions du Crédit foncier international *n'ont rien à redouter de la comparaison avec celles de n'importe quel autre établissement foncier, fût-ce même du plus connu et du plus justement apprécié de tous : celles du Crédit foncier de France*. Ces dernières font, on le sait, 700 à 750 francs de prime, pour un capital nominal de 500 fr. par titre, sur lequel 250 fr. seulement ont été versés. » Il est bien à craindre aussi que la même promesse, renouvelée, dans une circulaire du même financier, en date de juillet 1865, ne se trouve également protestée par les cours des actions de ses sociétés : « J'ai même la conviction que l'on peut sans témérité prédire à nos valeurs un niveau qui les placerait au même rang que celles de pays voisins, où les actions de grands établissements fonciers ont atteint une valeur triple de leur émission primitive. » Nous voyons, en effet, que les actions de la Banque de Crédit foncier et industriel, après deux premiers exercices, dont l'un a donné pour résultat, 20 p. c. de bénéfice et le second, 10 p. c., plus 10 p. c. de mis à la réserve, ne dépassent le pair que de quelques unités. Le Crédit foncier international, qui a donné 10 p. c. pour son premier exercice, ne peut pas même, lui, se soutenir au pair.

Depuis que la Banque hypothécaire belge s'est fusionnée dans le Crédit foncier international, et que cette dernière société a porté l'intérêt des lettres de gage à 5 p. c., l'on a renoncé, dans les bureaux et agences belges de ces institutions, à faire le prêt hypothécaire. Et cela se comprend : l'on peut avoir autant que l'on veut, des capitaux à 5 p. c. sur bonne hypothèque. Dans ces conditions, il n'y a donc pas de différence entre le taux auquel les sociétés hypothécaires de M. Langrand-Dumonceau empruntent elles-mêmes et celui auquel elles feraient des prêts hypothécaires. Or, l'on sait que c'est justement cette différence qui fait le bénéfice de ces sortes de sociétés.

Mais nous doutons que, malgré son nom, la Banque hypothécaire belge ait jamais fait beaucoup de prêts en Belgique même, comme on peut l'inférer de la lecture de ses rapports, où elle exalte les grands avantages que l'on peut retirer des opérations qu'elle a tentées en Autriche. Nous sommes confirmé dans cette opinion par un passage du prospectus anglais de l'International, ainsi conçu :

« La Banque hypothécaire belge opérant d'après

ces principes, établie depuis à peine trois ans, a réussi au moyen d'un capital nominal de 480,000 livres st. seulement (12,000,000 de fr.) à placer en Belgique, une quantité telle de lettres de gage qu'elle a réalisé un bénéfice net de 240,000 liv. st. (6,000,000 de fr.) et que ses actions, sur lesquelles 6 liv. (150 fr.) ont été payées, se sont élevées et se soutiennent à 18 et 20 liv. (450 à 500 fr.).

» Le capital levé en Belgique à 4 et 4 1/2 p. c. a été employé *principalement en Autriche*, par la Banque de Crédit foncier et industriel qui possède à Vienne une succursale complétement organisée et un personnel entièrement initié aux affaires autrichiennes. » Aujourd'hui, les anciens bureaux de l'Hypothécaire belge ne servent plus qu'au placement des lettres de gage du Crédit foncier international, car toutes les sociétés foncières de M. Langrand-Dumonceau, dont le siége est en Belgique, la Banque de Crédit foncier et industriel, le Crédit foncier international, la Banque internationale de Crédit agricole ne s'occupent que des achats et reventes de domaines et de biens-fonds soit en Autriche, soit en France, soit en Espagne ou ailleurs. Nous ne citerons que pour mémoire l'emprunt romain et la récente opération des *Magasins Réunis*, de Paris, dont il sera parlé, à propos du bilan de l'Industriel.

CHAPITRE II.

La Banque hypothécaire néerlandaise.

Cette société fut fondée, à Amsterdam, le 22 janvier
1861, au capital, fixé d'abord à trois millions de florins P.-B. et puis, en 1862, à 20 millions de florins,
divisés en 40,000 actions de 500 florins chacune, sur
lesquelles il n'a été versé que 10 p. c. Le conseil d'administration, est composé de MM. E.-W. Cramer, le
comte A. Duval de Beaulieu, E. Mercier, A. Langrand-
Dumonceau, A. Nothomb, le comte Hadelin de Liedekerke-Beaufort, B.-H. Goldschmidt, F. Grieninger,
H.-A. Hartogh, J.-G. Rochussen, R.-J. Schimmelpen-
ninck Van Nyenhuys, R. Daniel Wolterbeek, F. de
Wildt, le comte Fr. Zichy. Les directeurs sont MM. J.
Bos et P.-L. Dubourq.

Le rapport fait, à l'assemblée des actionnaires du
30 mai dernier, nous apprend que l'année 1864 n'a
pas été féconde en opérations hypothécaires, car
dans le chiffre des créances, porté au bilan, soit de
10,334,596 fl., était compris un solde des exercices

précédents, montant à 7,862,757 florins ; de sorte
que, pendant l'année 1864, dit le rapport, nous avons
résolu : 1° d'augmenter ce chiffre — le solde au 31 décembre 1863—de prêts hypothécaires pour fl. 351,000;
2° d'achats d'annuités hypothécaires pour fl. 2,120,840.
La société a refusé, en 1864, des demandes de prêts
pour fr. 2,206,400.

Pendant le même exercice, la société créa des lettres de gage pour une valeur de 3 millions de florins.
Le montant de toutes les lettres de gage, créées
par la Banque, au 31 décembre 1864, s'élevait à
fl. 9,573,400, dont il en restait en portefeuille pour
fl. 1,602,700. On voit que le public ne se jette pas sur
les obligations de la Banque hypothécaire néerlandaise avec cet *attrait irrésistible* dont parle son fondateur, dans ses *Notions pratiques* sur le Crédit foncier
international. On pourra aussi demander s'il est conforme au but de la société, qui est de prêter à long
terme, d'acheter des annuités hypothécaires à une
autre institution analogue, fût-elle même du groupe
des institutions Langrand-Dumonceau. Au moins
quand le Crédit foncier international reprend les annuités de la Banque de Crédit foncier et industriel,
c'est moyennant une part, la grosse part, les deux
tiers dans les bénéfices sociaux, en sus des profits
que procurent les annuités mêmes. Mais dans un
autre document, M. Langrand nous apprend que ses
établissements sont destinés à s'entre'aider pour la
réalisation de bénéfices réciproques. (Rapport aux
actionnaires de l'Association générale d'assurances,
25 février 1861.) Et la *Vérité sur les institutions foncières*, qui a paru en décembre 1865, affirme de nouveau cette solidarité.

Quoique la Banque hypothécaire néerlandaise ait
donné 15 p. c. de dividende pour le dernier exercice,

il ne paraît pas que sa situation soit des plus prospères. On voit que ses opérations ont été presque nulles pendant cet exercice, et l'on annonce déjà que l'histoire de la fusion de la Banque hypothécaire belge dans le Crédit foncier international, va se renouveler pour la Banque néerlandaise, qui serait achetée par une nouvelle société foncière dont M. Langrand-Dumonceau veut doter la Hollande. On attend des détails sur cette nouvelle métamorphose.

CHAPITRE III.

La Banque hypothécaire saxonne.

Quoique M. Langrand-Dumonceau eût habitué le public à recevoir de nombreuses publications et documents sur chacune des entreprises qu'il fondait, il n'a rien été publié de spécial, dans les journaux financiers ou autres, sur la Banque hypothécaire saxonne. Nous n'avons trouvé que des indications vagues dans les rapports des Banques de Crédit foncier et industriel et du Crédit foncier international et quatre lignes dans la *Patrie* de Bruges, du 31 mars 1865, journal qui reçoit, concurremment avec le *Journal de Bruxelles*, les confidences et communications des sociétés Langrand-Dumonceau, lignes qui sont ainsi conçues :

« La Société (le Crédit foncier international) a constitué, à l'aide d'une partie de son capital disponible, la Banque hypothécaire saxonne. Cet établissement opère avec succès et produira, pour l'exercice courant, un revenu de 9 à 10 p. c. sur son capital versé. »

« Cette création, dit le rapport du Crédit foncier international, a répondu à nos légitimes espérances, par un placement régulier de lettres de gage, dans un moment où diverses circonstances entravaient leur émission en Belgique. »

Le rapport de la Banque de Crédit foncier et industriel n'est pas plus précis au sujet de cette institution : « Une banque hypothécaire, créée en Saxe et à la constitution de laquelle nous avons efficacement aidé, a donné, par le placement de ses lettres de gage, un aliment nouveau et important à nos opérations. Cette Banque est aujourd'hui en pleine prospérité, et nous avons à nous applaudir des excellents résultats qu'elle a déjà produits. » Nous verrons plus loin combien l'Hypothécaire saxonne, et l'Hypothécaire belge, fusionnée dans l'International, ainsi que cette dernière société sont parvenues à placer des lettres de gage.

Dans la circulaire adressée, au mois de juillet dernier, aux actionnaires de ses précédentes sociétés hypothécaires et foncières, M. Langrand - Dumon - ceau affirme de nouveau l'existence de l'Hypothécaire saxonne, entourée cette fois d'un prestige particulier. Cette institution procéderait principalement d'une Association foncière allemande, dont on nous parle pour la première fois, bien qu'elle existât depuis plus d'une année et qu'elle fût déjà entrée en relations avec le groupe des sociétés Langrand-Dumonceau. « Le but immédiat de l'*Association foncière* (allemande) dit la circulaire sera de fonder des banques *hypothécaires locales*, sur le sol allemand et ailleurs. Nous avons aidé à créer, il y a un an, la *Banque hypothécaire saxonne.* » Nous avons appris, depuis, que cette Association foncière allemande, sorte de *Deus ex machina,* qui vient bien à point, au

milieu de l'insuccès des sociétés Langrand-Dumonceau, a institué la Banque internationale de Crédit
agricole, dont nous nous occuperons plus loin. Pourquoi ne pas avoir dit aux actionnaires de l'Industriel
et de l'International, pour quelle somme, ces sociétés sont intéressées dans la Banque hypothécaire
saxonne? C'est ce que font nos sociétés belges en
pareille circonstance. Il y a une sorte de fusion ou de
fédération entre la mystérieuse Association foncière
allemande et les autres institutions de M. Langrand-
Dumonceau, car la circulaire ajoute : « Ces résultats
(de l'Hypothécaire saxonne) m'ont confirmé dans le
projet annoncé dès cette époque, d'établir d'autres
banques hypothécaires locales destinées à agrandir le
marché de nos lettres de gage. » Ces malheureuses
lettres de gage sont le principal souci du fondateur
de l'International, ainsi que nous le verrons encore
plus d'une fois.

CHAPITRE IV.

La Vindobona.

La *Vindobona* fut fondée, principalement, par le secours de l'Association générale d'assurances, qui y
engagea la moitié de son capital versé. Son siége est
à Vienne, dont elle a pris le nom latin, et elle a pour
fonction spéciale de servir de garant à toutes les autres sociétés foncières de M. Langrand-Dumonceau.
Si les opérations immobilières que font, en Autriche,
la Banque de Crédit foncier et industriel, l'International ou la Banque néerlandaise ou d'autres laissent
à désirer sous le rapport de la solidité, l'on répond
de suite : mais ces opérations sont garanties par la
Vindobona, et tout est dit. C'est le grand cheval de
bataille. Il faut lire l'éloge chaleureux que la société
fait, naïvement d'elle-même, à l'assemblée générale
des actionnaires du 2 juin 1862 :

« Pour le rassurer (le capital, que l'on engage à
émigrer dans les prêts et achats de domaines en Autriche), il fallait lui offrir un *guide* et un *bouclier*; un

guide, pour éclairer sa marche et ses déterminations, un bouclier, pour le garantir contre toute perte. C'est à ces idées que la Vindobona doit sa naissance. Elle remplit un double but.

» Elle dit aux capitalistes étrangers, sociétés ou particuliers : Prêtez vos capitaux aux propriétaires de l'Autriche, vous y trouverez profit. Pour chaque prêt, j'étudierai avec vous, j'étudierai même pour vous la personnalité de l'emprunteur, la valeur du gage et l'application de la loi autrichienne à chaque cas qui se présente. Prêtez, mais faites assurer vos prêts et ne craignez plus rien : Je suis derrière vous. Forte des lumières et de l'expérience des hommes dont je m'entoure, je ne crains pas de vous garantir la solidité légale (1) et la solidité réelle du prêt que vous aurez contracté. Je serai la caution de l'emprunteur. »

Qu'est-ce donc que la Vindobona?

Une société au capital de 25 millions de francs (10 millions de florins, valeur autrichienne) dont la moitié est émise et 3,750,000 francs seulement de versés (1,500,000 florins); notons bien ce chiffre! Elle a pour but : L'assurance du payement régulier des intérêts et du remboursement des prêts sur hypothèque, ainsi que l'achat et la revente de créances garanties par hypothèque. L'art. 5 de ses statuts lui permet en outre d'entreprendre, moyennant une commission convenue, le payement des impôts, contributions, primes d'assurances, rentes, payements périodiques, capitaux et intérêts, aux lieu et place du débiteur propriétaire de l'immeuble sur lequel il existe une créance.

M. Langrand-Dumonceau est directeur de cette

---

(1) L'auteur des *Châteaux en Autriche*, révoque en doute cette solidité, au moins pour les biens fidéicommissaires.

société, et dans le conseil d'administration l'on cite
M. le comte Hartig, président, le comte Edmond Zichy.
MM. François Cels et les comtes Alphonse et Charles
O'Sullivan, Larisch et Nako étaient, en 1863, membres
du conseil de révision. Depuis cette époque, la société
a rompu, de même que l'Ancre, avec les excellentes
habitudes de publier les bilans, prises par M. Langrand-Dumonceau.

Avant d'apprécier les opérations de cette société, le
rôle qu'elle a joué jusqu'à ce jour et celui qu'elle
pouvait avoir dans les destinées des sociétés foncières,
rendons hommage à l'idée même, à l'invention d'une
telle institution qui assure contre les risques d'insolvabilité ou de payement inexact d'un emprunteur.
On a bien fondé en France, et à Bruxelles, des sociétés pour garantir contre les faillites (1), contre les

---

(1) *La Garantie du Commerce*, société d'assurances contre les pertes
résultant des faillites, instituée à Bruxelles, le 14 juillet 1852, fonctionne, depuis, à la satisfaction de sa clientèle qui devient, de jour en
jour plus nombreuse. Elle a des succursales dans toutes les grandes
villes de la Belgique. Elle était administrée, à son début, par les sommités de la finance et du commerce : il suffira de citer MM. Fortamps, Tour-
nay-Stevens, F. Vandevin, Cloquet-Devis, H. Schuster, Otlet-Dupont,
Corr-Vandermaeren, Keymolen-Nerinckx, Polet-Bienaimé, Heyman-
Hasebeyt, Lannoy-Bissuel, G. Neuhaus, Verrue-Lanfrancq, A.-E. Vin-
cent et Ch. Schmidt ; M. C. Lehardy de Beaulieu en est directeur.
C'est une société d'assurances mutuelles et à primes fixes, dont
l'objet est d'établir entre les assurés une protection réciproque
contre les pertes résultant de l'insolvabilité de leurs débiteurs.
Chaque exercice forme une mutualité distincte, comprenant, au passif
les sinistres dénoncés durant son cours et admis conformément aux
art. 35 et 36 des statuts, et à l'actif, les primes et les recouvrements
faits et à faire sur les sinistres de cet exercice. Art. 1 et 6. Pour intéresser les assurés à éviter les faillites, la société ne leur rembourse,
au maximum que 80 p. c. de chaque sinistre admis. Même il peut
être stipulé, dans certaines polices, que les droits de l'assuré à la répartition resteront au-dessous de ce taux. Art. 7. L'Union du Crédit
de Bruxelles est le banquier et le caissier de la société *la Garantie*

accidents qui troublent et déroutent le monde moral et économique, de même que l'incendie, la foudre, la grêle viennent dérouter les calculs les plus sages et les travaux les plus assidus. La Vindobona a consacré le même principe dans l'ordre du crédit foncier, en garantissant le capitaliste prêteur contre les risques d'insolvabilité, ou de non-payement aux échéances de la part d'un emprunteur sur hypothèque. On voit par l'article 5 des statuts de cette société qu'elle prévoit d'autres cas de l'application du même principe. Nous reviendrons plus loin sur ce sujet. Voyons auparavant si la pratique a répondu aux espérances et si celles que l'on a fondées sur la Vindobona sont réalisables.

Déjà, à la date du 25 février 1861, nous voyons, par un rapport de M. Langrand à l'Association générale d'assurances, que les prêts garantis par la Vindobona, à ce jour, s'élevaient à 875,850 florins, qui ont donné lieu à des primes encaissées, s'élevant à 23,073 florins. Les créances achetées atteignaient 921,174 florins et elles avaient été obtenues avec un rabais, pour la compagnie, de 114,451 florins. La Vindobona ne sort-elle pas un peu de son véritable rôle en achetant des créances, c'est-à-dire en spéculant

---

du Commerce ; et comme l'administration de cette dernière se compose de plusieurs des commissaires et administrateurs de la première, très à même de bien connaître et de bien surveiller les commerçants de la capitale, l'on comprend qu'il est facile, dans ces conditions, à *la Garantie du Commerce*, d'opérer avec sécurité pour ses associés. Aussi, les bénéfices de *la Garantie du Commerce* ne sont pas à dédaigner en sus des services qu'elle rend aux négociants et détaillants.

Le rapport pour le douzième exercice, présenté à l'assemblée générale, du 27 avril 1865, nous apprend que la Société est parvenue à payer le maximum de 80 p. c. sur tous les sinistres et à réunir un fonds de réserve presque égal aux primes d'une année.

sur des valeurs foncières alors qu'il était plutôt dans ses attributions d'assurer, de garantir, que d'acquérir des créances hypothécaires? En achetant au rabais de ces créances, la Vindobona s'expose à des risques d'insolvabilité contre lesquels il lui faudrait, à elle-même, une garantie.

La société a distribué, la première année, 6 p. c. (voir la *Finance* du 14 avril 1864) à ses actionnaires, la seconde année, 12 p. c., la troisième, 15 p. c. et l'exercice de 1863 promettait 25 p. c. Jusqu'à ce jour la Vindobona est dans cette première phase des sociétés de la même raison sociale, c'est-à-dire que les débuts sont ordinairement splendides, parce que l'on escompte l'avenir, que l'on exploite à outrance, au risque de préparer les années stériles dont nous avons eu des exemples dans les Rentiers Réunis, la Royale Belge et l'Ancre.

Le plus grand danger pour la Vindobona viendrait d'une autre circonstance : C'est qu'on lui fera prendre tant et tant d'engagements en en faisant le *guide*, le *bouclier*, le répondant de sociétés opérant avec des centaines de millions et faisant de la spéculation immobilière, qu'elle peut se trouver obligée de payer des sommes dépassant de beaucoup ses ressources. Elle a un capital nominal de 10 millions de florins, dont 1,500,000 seulement sont versés. Et cependant le rapport de la société, présenté à l'assemblée des actionnaires du 2 juin 1862, dit déjà qu'il est peu probable que les actionnaires de la Vindobona aient de nouveaux versements à faire, même dans les moments des plus fortes crises. » Cela est-il sérieux? Ensuite, en vertu de la solidarité qui existe entre les différentes sociétés de M. Langrand-Dumonceau, qui sont destinées « à s'entr'aider pour la réalisation des bénéfices réciproques » n'est-il pas à craindre qu'au jour des épreuves, la Vindobona ne trouve pas grand secours chez les autres sociétés congénères, puisqu'elle leur sert à toutes de garant (1). C'est, il faut le dire, la critique que M. Brasseur a faite de cette institution qui a été son coup de grâce. Ecoutons comment le savant professeur la juge dans la quatrième lettre qu'il adressa au *Précurseur* d'Anvers, le 30 janvier 1865 (2).

(1) Mais sachez donc, dit *L'Escaut* du 27 janvier 1865, que la *Vindobona*, c'est Langrand-Dumonceau et Cie, c'est une garantie qui n'en est pas une, une garantie factice et de pure convention. La caisse de la *Vindobona* est percée à jour. Cette *Vindobona* est une des grosses ficelles nécessaires à la marche de la boutique Langrand et Cie. Cette ficelle, la maîtresse ficelle de toutes les ficelles, qui fonctionne, cette ficelle, disons-nous, une fois usée, et cela ne peut être long, un an tout au plus, la *Vindobona* expropriera les acquéreurs, s'il y en a. Alors pour chaque expropriation, il faudra en arriver à un procès lent et coûteux..... » Ces prévisions de *l'Escaut* sont près de se réaliser, s'il faut en croire la *Nouvelle Gazette* (allemande) *de Francfort*, citée plus loin, p. 118, en note.

(2) Depuis lors M. Brasseur est devenu, de critique des institutions Langrand, l'un de leurs appuis principaux. Après avoir donné une suite de conférences, à Anvers, au commencement de l'année 1865, sur des questions financières, il dit dans sa séance d'adieux, qu'il allait quitter tout à la fois et le rôle de critique et la chaire d'économie politique à l'Université de Gand, parce que M. Langrand ayant « fait appel à son activité en lui confiant la mission de mettre à exécution ses idées sur la théorie du crédit foncier, il n'avait pas hésité un instant de répondre à cet appel. » Il ajoutait : « J'avais annoncé que je dirais le *pour* et le *contre* dans ce grand procès pendant devant le tribunal de l'opinion publique. Je me suis acquitté de ma tâche selon les inspirations de ma conscience, et tous mes amis savent que depuis longtemps déjà j'approuvais le *principe* des opérations du Crédit foncier, en Hongrie. On ne gagne pas un homme qui n'est pas hostile. Du reste, messieurs, ceux qui connaissent la personne de M. Langrand savent parfaitement bien qu'il accepte volontiers la critique la plus large et la plus sévère : la seule chose qu'il demande, et en cela tout homme qui se respecte sera d'accord avec lui, c'est qu'on ne lui jette pas à la figure des outrages qui sentent les mauvais lieux, et dont le moindre mérite

« Un second reproche à adresser au système qui fait l'objet de notre analyse, c'est l'assurance de la *Vindobona*. Sans doute, cette garantie pouvait avoir son utilité, au commencement de l'existence sociale ; mais aujourd'hui que ces opérations foncières, en Hongrie, sont mieux connues et appréciées à l'étranger, elle nous paraît complétement inutile. Le sacrifice fait par le *Crédit foncier* pour la garantie du payement régulier des annuités est fait en pure perte. De deux choses l'une : ou les opérations du *Crédit foncier* sont bonnes, et alors elles peuvent se dispenser de la garantie accessoire d'une société d'assurances, attendu qu'elles sont déjà couvertes par une hypothèque double de valeur ; ou bien, elles sont mauvaises, et dans ce cas, la garantie de la *Vindobona* est illusoire, parce que son capital est trop faible. Il faut user des meilleures choses du monde avec intelligence, *cum grano salis;* les garanties hypothécaires sont nécessaires pour le détenteur de lettres de gage, mais le *luxe* de garanties est un abus qui ne profite à personne.

» D'ailleurs, il y aurait un moyen très-simple de

est de ne rien prouver contre le système du financier belge. » (*Précurseur*, du 2 février 1865.)

Les auditeurs du *Cercle artistique et littéraire* d'Anvers, où M. Brasseur donna ces conférences, accueillirent sa péroraison et ses adieux, par de chaleureux applaudissements, dit le *Précurseur*. Mais il ne faut pas en conclure que cette cité, si intelligente en affaires et en questions économiques et financières, approuvât aucunement les institutions *sur* lesquelles M. Brasseur avait fait rouler une partie de ses conférences, car le savant professeur s'était occupé plutôt et même davantage de questions générales de crédit et en particulier des banques d'escompte. Il avait même préparé et jeté les premières bases d'un comptoir d'escompte, pour lequel il avait obtenu les adhésions d'un grand nombre de négociants des plus notables et des mieux posés. L'entreprise échoua par l'entrée de M. Brasseur dans les sociétés Langrand-Dumonceau.

remplacer la garantie de la *Vindobona* par une autre garantie tout aussi sérieuse et qui n'imposerait aucun sacrifice au *Crédit foncier*. Au lieu de céder 8 p. c. de ses bénéfices, ce dernier pourrait se borner à capitaliser seulement 80 p. c. de ses annuités ; les 20 p. c. restants serviraient de réserve ; ils suffiraient largement de *garantie* au service régulier des intérêts et de l'amortissement des lettres de gage. Celles-ci auraient pour sécurité une valeur immobilière *double*, le capital social de l'*International* et une forte réserve en annuités. Une personne raisonnable peut-elle désirer une garantie plus solide ! »

Cette critique est trop absolue, en ce sens qu'elle attaque tout à la fois et le principe de l'entreprise — que nous approuvons, surtout pour des pays comme l'Autriche et la Hongrie, sujets à des crises et à des révolutions périodiques — et sa mise à exécution par la *Vindobona* — que nous croyons mauvaise ou tout au moins incomplète. Nous réservons donc la première partie du dilemme posé par M. Brasseur, à savoir que le *Crédit foncier* n'a pas besoin de recourir à une société de garanties hypothécaires. Car l'on ne s'assure pas seulement contre les risques du non-remboursement du capital prêté, ni contre le non-payement des intérêts, mais contre les risques de remboursement et de payement inexacts, contre les chances de délais et de procès. Deux sûretés valent mieux qu'une, dit sagement le fabuliste français.

Tout en approuvant le principe d'une telle société, nous ne tirerons pas la conséquence, qui est développée dans une brochure intitulée : *De la Lettre de gage* ou *Obligation foncière* (1), publiée au moment où M. Langrand organisait ses grandes institutions,

(1) *De la lettre de gage ou obligation foncière*, à Bruxelles, Leipsig et Gand. C. Muquardt, p. 53 et 54.

la Banque de Crédit foncier et industriel et le Crédit foncier international, et qui semble même avoir eu pour but de préparer les esprits à accueillir favorablement ces institutions. L'auteur de cette publication prétend que les prêts, accomplis à l'étranger, présenteraient plus de garantie que ceux conclus dans le pays où la Banque hypothécaire a son siége, parce que l'on n'exige d'assurance que pour les premiers. C'est exagérer, non pas le principe cette fois, mais l'application, car ces prêts, faits à l'étranger, peuvent très-bien, en fait, et c'est le cas, selon nous, des entreprises foncières en Autriche des sociétés Langrand-Dumonceau, présenter moins de sécurité, quoique garanties par la Vindobona, parce que ses ressources sont en disproportion avec le but et les obligations qu'on lui assigne. Ce serait le cas de dire, encore avec le fabuliste : Le trop d'expédients peut gâter une affaire ; n'en ayons qu'un, mais qu'il soit bon.

Si nous approuvons le principe de la Vindobona, nous en voudrions voir une application plus correcte, plus complète ; nous voudrions aussi que l'on ajoutât à cette institution, qui peut être d'un grand secours au credit-rentier, une autre institution faite surtout au point de vue de la libération de l'emprunteur. Nous croyons que le prêt à long terme, remboursable par annuités, constitue un des plus grands progrès de la science financière moderne ; mais nous ajouterons que les prêts remboursables en une fois, tels qu'ils se pratiquent dans 'les études des notaires, continueront à attirer, pendant longtemps encore, la préférence des propriétaires rentiers, et qu'il y a peu de probabilités surtout, qu'ils soient détrônés par les institutions du genre de celles de MM. Langrand-Dumonceau et Cie. Il faut présenter un véritable luxe de garantie morale pour qu'une banque hypothécaire fasse renoncer les rentiers au bon vieux placement sur hypothèque spéciale, sur une terre connue d'eux, située dans leur arrondissement ou dans leur province, pour s'en remettre aveuglement à la gestion, au crédit, après tout, d'une simple société. On connaît la discrétion à toute épreuve de nos excellentes Caisses hypothécaires, parfaitement gérées, et qui font de très-bonnes affaires (7 à 8 p. c. de bénéfices). Mais jamais personne, ni même un actionnaire ordinaire n'est admis à connaître les affaires sociales. Les porteurs de lettres de gage ne pourront jamais savoir, par à peu près, absolument comme dans les sociétés Langrand-Dumonceau, où se trouvent les garanties réelles, le gage des créances hypothécaires, dont leurs titres ne sont que la contre-partie fractionnée.

Or, comme nous le disons, le rentier a le faible de vouloir connaître, toucher en quelque sorte du doigt, le bien-fonds, terre ou immeuble bâti qui sert d'hypothèque à sa créance. Nous croyons devoir signaler, comme un véritable progrès pour les questions et institutions hypothécaires, l'innovation tentée par une société espagnole, la *Peninsular*, dont parle la *Finance*, du 16 mars 1865, et qui consiste à émettre des lettres de gage « portant la désignation de l'immeuble sur lequel elle est hypothéquée. » Bien entendu qu'il s'agit d'une première hypothèque et de valeur suffisante pour couvrir la créance. C'est appliquer aux lettres de gage le bénéfice de la spécialité de l'hypothèque.

Mais nous nous éloignons de notre proposition, c'est-à-dire l'opportunité de venir en aide aux emprunteurs sur gage hypothécaire, par le ministère des notaires, en créant une institution qui lui faciliterait le remboursement global, au terme du contrat, de la somme qu'il a empruntée. Il s'agit de la création d'une *Caisse d'épargne hypothécaire*.

CHAPITRE V.

Projet d'une caisse d'épargne hypothécaire.

Le propriétaire qui emprunte sur son fonds, afin de l'améliorer, de lui faire produire davantage, se trouve ordinairement dans une bien grande gêne à l'échéance, quand il lui faut rembourser, en une fois, un capital considérable. Souvent, il est obligé de contracter un second emprunt pour éteindre le premier et il tourne ainsi, pendant toute sa vie quelquefois, dans un cercle fatal. Le système du remboursement par annuités est bien préférable. Mais jusqu'à ce que l'on ait si bien perfectionné les caisses hypothécaires qu'on ait donné, à leurs obligations, les garanties, même apparentes, des hypothèques spéciales, que l'on ait une confiance entière dans ces institutions, il serait opportun de créer, pour les clients des études de notaires, une *caisse d'epargne hypothécaire*, où les débiteurs aient intérêt à verser leurs économies, et qui leur fournirait un moyen sûr et facile de se libérer.

« Si les ouvriers, dit M. Raoul Boudon, pour qu
l'économie n'est qu'une mesure de sage prévoyance
vont porter à la caisse d'épargne l'excédant de leur
salaire sur leurs dépenses de ménage, et rendent
ainsi disponible en permanence un capital de plus de
400 millions qui s'augmente chaque jour — il s'agit
uniquement de la France — quel résultat ne pourrait-on pas espérer d'une caisse d'épargne, spéciale
aux emprunteurs hypothécaires, pour qui l'économie
n'est pas seulement une mesure de prévoyance, mais
encore une nécessité de leur position de débiteur ? »
Et appliquant cette idée à la dette foncière de toute la
France, cet auteur ajoute : « Nous le répétons, si
l'épargne volontaire, faite sur leur salaire par les ouvriers, a pu mettre en disponibilité une somme de
plus de 400 millions, quel capital ne ferait pas refluer,
vers la production des richesses, l'épargne nécessaire
pour la classe des propriétaires, endettée de dix milliards ? »

Examinons de plus près le procédé du remboursement par le moyen d'une banque ou caisse hypothécaire : Supposons un prêt de 10,000 fr., remboursa
ble, en vingt ans. S'il est contracté à une banque ou
caisse hypothécaire, il faudra payer, pour intérêt et
amortissement, une annuité que les tarifs fixent à
836 fr., pendant vingt ans. Si c'est un prêt hypothécaire fait, suivant le mode ancien, c'est-à-dire avec
intérêt annuel et remboursement global, au terme,
l'on payera au prêteur, d'abord pour intérêt annuel
500 fr. ou 450 ou même 400 fr., suivant que le prêt est
à 5 ou 4 1/2 ou même 4 p. c. ; ensuite, à la *caisse
d'épargne hypothécaire*, comme amortissement, une
annuité de fr. 318-75, somme qui, capitalisée à l'intérêt composé de 4 1/2 p. c. donnera les 10,000 fr.
exigés à l'époque du remboursement. On voit que

7

l'emprunteur gagnera, dans la pire hypothèse, celle d'un prêt à 5 p. c. d'intérêt, la différence soit fr. 17-25 entre l'annuité des banques hypothécaires — 836 fr. — et entre fr. 818-75 qui est l'annuité d'une *caisse d'épargne hypothécaire*. Que si l'on emprunte à l'intérêt de 4 1/2 ou 4 p. c., la différence sera bien plus grande; or l'on sait que, dans notre pays, la moyenne du taux d'intérêt pour les prêts hypothécaires est de 4 p. c. La *Caisse* qui reformera le capital demandé, au moyen des annuités de fr. 318-75, plus les intérêts accumulés, trouvera son bénéfice dans des placements solides à un taux un peu supérieur à celui au quel elle capitalise les économies des débiteurs.

Voilà l'économie que l'on réaliserait en amortissant une dette hypothécaire, par le procédé nouveau. Que si on comparait ce dernier aux exigences des institutions hypothécaires de M. Langrand-Dumonceau, la différence serait encore bien plus sensible, car ce n'est pas 8-36 p. c., pendant 20 ans seulement, qu'exigent ses sociétés, comme annuités extinctives des prêts conclus par elles, mais bien 8 p. c., pendant 4 0ans.

Ainsi, la caisse d'épargne hypothécaire serait également avantageuse aux créanciers et aux emprunteurs; elle se substituerait aux lieu et place du prêteur qui continuerait à toucher l'intérêt tandis que la société vis-à-vis de qui l'emprunteur se serait engagé, toucherait les annuités extinctives de la créance. Si une caisse pareille se fondait, elle ne tarderait pas, semble-t-il, à obtenir l'appui des notaires dont le rôle ne serait diminué en rien et surtout des prêteurs qui trouveraient là une nouvelle garantie morale et pécuniaire. (1)

---

(1) Nous livrons ces idées à l'attention des hommes de progrès

sans prendre de brevet d'invention ou d'importation, car elles ont
été développées avec talent dans l'ouvrage de M. Raoul Boudon :
La vérité sur les institutions de crédit privilégiées en France. Nous
ajouterons que des financiers et des propriétaires de notre pays
cherchent, en ce moment, pour trouver une formule fixe, un corps
à l'idée d'une *Caisse d'épargne hypothécaire.*

CHAPITRE VI.

La Société Générale de commerce et d'industrie, à Amsterdam.

Nous avons vu que M. Langrand-Dumonceau avait couronné la première série de ses institutions, les sociétés d'assurances sur la vie, par une entreprise destinée à la spéculation, l'Association générale d'assurances. Avant d'entreprendre les grandes sociétés foncières, la Banque de Crédit foncier et industriel, le Crédit foncier international et la Banque générale, la Banque agricole , et comme pour se reposer après la création des institutions hypothécaires, que nous venons d'étudier, il fit, de nouveau, une sorte d'épisode sur le terrain de la spéculation, en fondant, avec d'autres groupes financiers, la Société générale du commerce et de l'industrie, à Amsterdam.

Cette fois, on n'afficha pas, comme dans les statuts de l'Association générale d'assurances, décédée à la fin de 1862, que l'on voulait faire de la spéculation, bien au contraire : on voulait constituer un Crédit mobilier néerlandais et, en profitant de l'extrême abondance et du bon marché des capitaux dans les Pays-Bas, favoriser non-seulement le commerce et l'industrie de ce pays, mais s'intéresser dans des entreprises étrangères. On voulait faire de l'industrie et non pas de la spéculation, faire de la Société générale de commerce et d'industrie, un établissement de banque de premier ordre ; bref, lui faire jouer un rôle analogue à celui que la Société générale pour favoriser l'industrie nationale, a rempli, avec tant de succès, en Belgique.

Et les journaux de l'époque (mai 1863) souhaitaient la bienvenue et pronostiquaient les plus belles destinées à la naissante institution. On avait surtout confiance dans l'administration de la société, confiée à un conseil de cinq directeurs, choisis parmi d'honorables négociants d'Amsterdam, « qui connaissent les mœurs prudentes de leur pays et sauront ne pas les heurter. » M. Alex. Mendel était du nombre de ces hommes prudents.

Le fonds social était de 40 millions de florins P.-B., représenté par 160,000 actions de 250 fl. La moitié du capital fut émise tout d'abord. Les principaux fondateurs de l'entreprise étaient MM. Pereire, d'une part, et le groupe des financiers Langrand-Dumonceau, d'autre part. Voici du reste la liste de tous ceux qui contribuèrent à lancer le Crédit mobilier néerlandais, comme on appela dès le début, la Société générale de commerce et d'industrie, d'Amsterdam :

En France, MM. J. et E. Pereire, Mallet frères, Hottinguer, le baron Seillière, le duc de Gallière, Biesta, C. Salvador, F. Grieninger, de Abaroa, A. Bixio, H. Davillier, Maniel, E. Delessert, le baron de Heckeren.

En Belgique, MM. A. Langrand - Dumonceau, E. Mercier, A. Nothomb, Duval de Beaulieu et de

Hirsch. En Hollande, MM. Van Heukelom, Van Vollenhoven, Goll et Cᵉ, Lippmann-Rosenthal et Cᵉ, Joseph Cahen, Bunge et Cᵉ, Deichmann et Von Rath, Cramer et Cᵉ, Insinger et Cᵉ.

Quoique la société fût hollandaise de nom, qu'Amsterdam en fût le siége légal, enregistré comme on dit maintenant pour les sociétés anglaises à responsabilité limitée, l'on peut bien dire que Paris fut le berceau et le principal centre d'action de l'entreprise. Les actions se placèrent surtout parmi la clientèle du Crédit mobilier français et en mains de MM. Langrand-Dumonceau et de ses associés belges. Lors du sinistre du mois d'octobre 1864, de la fuite de son directeur, M. Mendel, qui fit tomber les actions de 500 fr., le 13 octobre, à 390, le 11 novembre, nous voyons dans l'*Union financière*, que les maisons belges et hollandaises, qui avaient pris part à la fondation de cette entreprise, en étaient sorties depuis longtemps, ayant réalisé, en temps utile, la prime modérée que fit cette affaire. Les fortes maisons de Paris, qui avaient pris une partie considérable des actions à l'émission, se seraient aussi, prudemment retirées dans le bon moment. Ni à Amsterdam, ni à Bruxelles, on n'a vu à la cote les actions de cette société qui était devenue entièrement française, et c'est la place de Paris qui supporta surtout la différence entre les cours du prix d'achat 500 et au-dessus et ceux de 390 et au-dessous.

On voit comment les fondateurs belges, hollandais et français, entendaient faire de cette société une affaire sérieuse, une sorte de Société générale de Belgique. Ils se retirent, *au bon moment*, en ne faisant qu'une prime modérée, et en endossant le tout aux badauds de la place de Paris et à quelques rentiers naïfs de notre pays.

Les financiers du groupe Langrand-Dumonceau n'ont pas de chances, quand ils s'associent avec d'autres maisons de banque : nous en avons déjà eu un exemple par l'Association générale d'assurances. La Société générale de commerce et d'industrie d'Amsterdam, en est une nouvelle preuve; et l'histoire vraiment héroï-comique de la Société des Magasins Réunis, que fit M. Langrand-Dumonceau avec M. Alexandre, facteur à Paris, en est un troisième et concluant exemple. Soit que les procédés de la nouvelle école belge présentent quelque chose d'insolite, soit que ces financiers improvisés, car à part M. Langrand-Dumonceau, ses amis sont des ministres d'État et des représentants occupés, autant et plus de politique que d'affaires, soit que ces financiers improvisés, disons-nous, ne soient pas de taille à se mesurer avec leurs associés étrangers, ils ont compris, depuis, qu'ils devaient, à l'avenir, ne plus s'associer qu'avec leurs égaux, sous peine de renouveler l'accident de la fable du Pot de terre et du Pot de fer.

Après avoir distribué, pour le premier exercice 30 fr. de dividende par action et fait, grâce à quelques administrateurs hollandais et en particulier M. Van Heukelom, quelques bonnes affaires, comme la création de la Banque commerciale des Indes, de la Société des chemins de fer des Indes et la Société pour l'exploitation des chemins de fer de l'État, la Société générale de commerce d'Amsterdam vint se heurter à l'incident Mendel, du mois d'octobre 1864, qui lui porta un coup mortel. Le rapport présenté, le 29 mars 1865, accusait une perte de fr. 9,434,067, et la physionomie de l'assemblée indiquait une espèce de déroute; la démission intempestive de M. Van Heukelom, contre laquelle les actionnaires protestèrent, mit le comble à la démoralisation. Mais comme l'école financière, à laquelle nous consacrons cette étude, s'était tirée de l'affaire, au bon moment, nous n'avons qu'à l'en féliciter et à la suivre dans les nouvelles sociétés qui forment la troisième phase de ses évolutions.

TROISIÈME PARTIE.

LES SOCIÉTÉS FONCIÈRES.

Les opérations tontinières, d'assurances sur la vie servaient de début au fondateur des Banques hypothécaires belge, néerlandaise, saxonne et de la Vindobona. Ce sont des institutions foncières *austrobelges* — qualificatif qui répond parfaitement au nouveau genre d'affaires, d'arbitrages que M. Langrand a inaugurés entre la Belgique, la Hollande et l'Autriche et qui eût bien mieux convenu à ses créations qu'à l'ancienne Compagnie belge de zinc *Corphalie*, qui s'en est emparée — qui forment la troisième phase, la phase définitive de la carrière financière de M. Langrand-Dumonceau. Ces institutions sont la Banque de crédit foncier et industriel, opérant avec le concours, d'abord de sociétés en participation de courte durée, puis des sociétés hypothécaires, et du Crédit foncier international et de la Vindobona. Il y aurait bien une quatrième phase dans le développement successif des idées de M. Langrand-Dumonceau et qui ressemble plus à un crédit mobilier qu'à une institution foncière, c'est la Banque générale des travaux publics et de l'agriculture. Mais ce financier paraît avoir abandonné cette forme de société en revenant par la fondation d'une Banque internationale de crédit agricole, aux affaires foncières proprement dites. Nous n'admettons pas cependant que M. Langrand-Dumonceau ait eu une idée bien claire de ce qu'il voulait faire en commençant le commerce des capitaux entre la Belgique et l'Autriche; ce n'est qu'après de nombreux tâtonnements et après s'être essayé, mais sans succès, dans la spéculation et la banque, comme par l'Association générale d'assurances, et la Société de commerce des Pays-Bas, qu'il a trouvé sa voie propre. La nature de son génie s'opposait à le faire entrer jamais dans la société des financiers de l'ancienne école : il est novateur et n'a de succès qu'au milieu du groupe de disciples qu'il s'est donnés, et en faisant jouer les ressorts d'une méthode presque en contradiction avec les traditions des autres financiers.

CHAPITRE I.

L'idée de M. Langrand-Dumonceau.

Avant d'examiner en détail les institutions qui ont
été créées pour réaliser ses plans, et la conception qui
lui est propre, disons un mot de *l'idée* de M. Langrand-Dumonceau. Après que l'on eut fait un abus du
crédit mobilier, en France, en Autriche, en Espagne
et un peu partout, M. Langrand-Dumonceau comprit
que le crédit foncier offrait des ressources vierges et
presque inexplorées, au sein même des sociétés les
plus avancées par leurs institutions économiques. Il
s'appliqua d'abord à populariser le prêt, à long terme,
remboursable par annuités. Et sous ce rapport, il mérite nos éloges ; car il a certainement contribué par
ses publications et ses autres moyens efficaces de
propagande, à vulgariser cette forme perfectionnée
du crédit hypothécaire et foncier. Nos *Caisses hypothécaires* n'en répandaient les bienfaits et la connaissance que dans le cercle de leur clientèle et avec une

discrétion, nous dirions même. avec une sorte de mystère, dont nous n'avons jamais compris le but.

Mais ce qui le distingue surtout, ce qui lui vaudra une place dans la galerie des financiers modernes, c'est son idée de relier, au XIXe siècle, par un nouveau lien, par les capitaux, des pays que, dans les siècles passés, la politique n'avait pu réunir que forcément sous les mêmes lois, l'Autriche et les Pays-Bas. Ses sociétés, comme s'exprime M. Gustave de Molinari, ont eu, les premières, le mérite d'internationaliser le prêt hypothécaire, en permettant aux propriétaires fonciers des pays où les capitaux sont rares et chers de s'en procurer, avec facilité et à des conditions modérées, dans les pays où ils sont abondants et à bon marché (1). C'est l'Autriche et surtout la Hongrie

---

(1) Voir son *Cours d'économie politique*, 2e édition, t. II, p. 342. Cet auteur nous reproche, dans *L'Économiste belge*, numéro du 1er juillet 1865, « de ne pas avoir rendu justice, dans notre *Annuaire financier de la Belgique*, à l'esprit initiateur de M. Langrand-Dumonceau, et aux services que ce financier remarquable a rendus au commerce international des capitaux, dont il a contribué plus que personne à agrandir le marché. » Nous répondrons que les articles, insérés dans *l'Annuaire financier*, sur les sociétés de M. Langrand-Dumonceau, s'occupaient de faits précis et point d'appréciations générales où le mérite historique de ce financier pût être discuté. Nous comblons cette lacune, aujourd'hui. Cependant, nous n'admettons pas, avec le directeur-gérant de *L'Economiste belge* que si M. Langrand a eu *l'idée* d'internationaliser les capitaux, il l'ait fait *en réalité*. Ce n'est pas pour quelques millions qu'il a fait passer, de Belgique et de Hollande, en Autriche qu'on puisse dire avec vérité, qu'il a agrandi le marché des capitaux. On dira encore moins avec vérité, comme ne craint pas de l'écrire M. Langrand lui-même, dans une circulaire du mois de juillet 1865, à ses actionnaires, qu'il a contribué à améliorer le change sur Vienne par le mouvement de capitaux qu'il a organisé. On verra dans le bilan de l'International à quoi s'est borné ce mouvement. La prétention de M. Langrand d'avoir par là, constitué en quelques années, une plus-value de 250 millions de francs à la fortune publique de la Belgique a beau-

qui furent choisies pour faire l'expérience de la conception financière de M. Langrand-Dumonceau. Et il ne s'agissait pas seulement d'apporter, à ces pays, les capitaux de Belgique et de Hollande, sous forme de prêts hypothécaires proprement dits, mais encore en

coup amusé les financiers sérieux de notre pays. La prétention est tellement forte qu'on a de la peine à croire qu'elle ait été conçue par un homme qui a conquis une place importante dans le monde financier. Aussi, nous croyons devoir citer les paroles mêmes de M. Langrand-Dumonceau :

« Il y a six ans, après la guerre d'Italie, les détenteurs de valeurs autrichiennes en Belgique et dans les Pays-Bas essuyèrent une perte notable ; ces valeurs descendirent au-dessous de 40 pour cent. Avant leur dépréciation, elles représentaient un capital nominal de 2 1/2 milliards de francs, produisant annuellement 125 millions de francs de revenu ; après leur dépréciation, par suite de la baisse du florin d'Autriche, ces valeurs tombèrent à moins d'un milliard de francs, ne rapportant plus que 80 millions de francs.

» Je reconnus bientôt que cette situation offrait, à l'initiative privée, l'occasion d'être utile au pays. L'on pouvait, en effet, par une ferme application des vrais principes économiques, attirer vers l'Autriche une partie relativement minime des capitaux disponibles de la Belgique et des Pays-Bas, et augmenter de un milliard et demi de francs la fortune publique de ces deux pays...... Les relations que j'avais établies antérieurement avec l'Autriche..... m'engagèrent à ne pas retarder l'exécution d'un plan qui devait tout à la fois améliorer la position des détenteurs de valeurs autrichiennes en Belgique et en Hollande, et servir les intérêts d'un État que d'étroits liens unissent à notre nation.

» Telle est, messieurs, l'origine de l'œuvre foncière à laquelle j'ai voué mes efforts, pour étendre nos opérations et le placement des valeurs qui y correspondent. Assurément la tâche que j'avais entreprise était au-dessus des forces individuelles.... C'est pourquoi j'ai créé successivement, avec le concours des hommes les plus considérés, plusieurs sociétés de crédit foncier, en Autriche, en Belgique, en Hollande, en Angleterre et en Allemagne. J'ai jeté, ainsi, les bases d'une *fédération foncière*, qui trouve aujourd'hui sa consolidation *définitive* dans la constitution de *l'Association allemande*. » On voit que M. Langrand a une façon d'écrire l'histoire qui ressemble au style brillant de ses programmes et prospectus.

faisant un genre d'opérations peu pratiqué jusqu'à-
lors, l'achat de domaines pour les revendre immédiatement en détail, c'est-à-dire la spéculation immobilière ou foncière. L'Autriche se prêtait admirablement à ce genre d'opérations, parce que, d'une part, la
grande propriété , possédée pour les quatre cinquièmes, par les grands seigneurs, était privée de
bonne culture, depuis 1848, époque de l'abolition de
la corvée ; les fermiers et petits propriétaires seuls
possédaient les moyens, les connaissances, l'outil-
lage propres à relever l'agriculture. En vain, le gouvernement autrichien était venu en aide aux nobles
en leur accordant, comme le gouvernement de la
Restauration le fit, en France, pour les émigrés, un
milliard d'indemnité, sous forme d'*obligations pour
dégrèvement du sol*. La plupart, pressés de besoins,
durent négocier à perte ces valeurs, qui ne dégrevè-
rent, en réalité, que les dettes d'une caste, élevée dans
le faste et à qui la révolution sociale de 1848 n'avait
pas fait changer les habitudes de dissipation.

« Pendant que l'Autriche se débattait (1) sous les
étreintes révolutionnaires, luttant avec la ténacité in-
domptable qui marque les époques difficiles et tour-
mentées de son histoire, un financier belge suivait avec
attention les phases de la révolution qui troublait cet
État et cherchait les moyens d'appliquer, à ce grand
et noble pays, ses idées et ses plans. M. Langrand-
Dumonceau s'était dit : l'Autriche offre, par les richesses et les ressources inépuisables de son sol et la
vigueur de ses populations, d'immenses ressources
qui n'attendent pour naître à la vie économique et au
mouvement agricole, commercial et industriel que le

(1) Voir l'*Exposé des opérations de la Société de Crédit foncier international et de la Banque du crédit foncier et industriel*, p. 7,
Bruxelles, 1864.

concours des capitaux. La Belgique et les pays qui l'entourent, grâce à leur civilisation avancée, possèdent un trop-plein de capitaux qui ne trouve, chez eux, que peu ou point d'emploi ; efforçons-nous d'en déterminer l'exportation vers l'Autriche, où ils seront appliqués aux opérations foncières, et nous utiliserons ainsi de la façon la plus solide et la plus fructueuse des moyens de production jusque-là improductifs. »

Voilà ce que l'on peut appeler l'*idée* de M. Langrand-Dumonceau, idée qui survivra, à ses malheureuses combinaisons financières et qui fera même oublier ses mésaventures de l'Association générale d'assurances.

Est-il étonnant qu'une idée, aussi belle, au point de vue économique, ait obtenu les applaudissements des hommes de la science, que des plans aussi séduisants aient été acceptés d'emblée par le gouvernement autrichien et que M. Langrand-Dumonceau ait obtenu des encouragements de la source la plus élevée? Les sociétés l'Ancre, la Vindobona, la Banque hypothécaire belge et puis la Banque de Crédit foncier et industriel et le Crédit foncier international n'eurent donc pas de peine à se faire naturaliser en Autriche. Il s'agissait d'apporter de l'argent à ce pays endetté et vierge de capitaux, comment celui-ci n'aurait-il pas accueilli M. Langrand-Dumonceau et tout son groupe, les bras ouverts et ne lui eût-il pas octroyé quelques petits priviléges ?

Mais quand on examine comment fut réalisée cette belle *idée*, quelle était la valeur des créations, des institutions au moyen desquelles M. Langrand voulut opérer la migration de nos capitaux vers l'Autriche, avec la promesse de faire trouver un avantage direct aux participants, actionnaires de ses sociétés, en leur procurant des dividendes élevés, exceptionnels, et un avantage indirect à tous les détenteurs des valeurs autrichiennes ; quand on examine ces institutions, à notre point de vue, à nous Belges, les commanditaires et bailleurs de fonds de la grande entreprise de M. Langrand-Dumonceau, on est bien forcé de rabattre des éloges que nous décernions d'abord à l'*idée pure* de ce financier. Et tandis que nous nous réjouissions déjà de voir notre pays, si fécond en célébrités insdustrielles, nous promettre un novateur en finances, capable de figurer à côté des Turgot ou des Buhring, nous craignons bien de voir le créateur de la Banque de crédit foncier international placé, par l'implacable histoire, à côté de Law ou de Mirès. C'est la conviction que l'on se forme quand on a étudié attentivement, comme nous l'avons fait, toute la série des institutions foncières, dont nous allons présenter ici un aperçu.

CHAPITRE II.

Aperçu sur la Banque de crédit foncier et industriel, et sur le nouveau système financier de M. Langrand-Dumonceau.

La Banque de Crédit foncier et industriel est une société en commandite, constituée le 21 août 1863, au capital de 50 millions de francs, divisé en 100,000 actions de 500 fr. chacune. La moité du capital fut émise, en 1863, et la seconde moitié, en 1864. Il n'a été appelé jusqu'à ce jour que 150 fr. par action, et le directeur-gérant a déclaré qu'il ne serait plus demandé de versement aux actionnaires. M. André Langrand-Dumonceau est directeur-gérant et seul responsable de la société. Les fondateurs sont avec le directeur-gérant : MM. E. Mercier, A. Dechamps, P. De Decker, A. Nothomb et Comte Duval de Beaulieu. Le conseil de surveillance se compose d'abord de ces derniers et puis de MM. le baron d'Anethan, Comtes Liede-kerke-Beaufort et d'Hane-Steenhuyse, Janssens et Van Overloop, qui ont été désignés après la constitution

x.

de la société. L'année sociale se termine le 31 août;
la première assemblée générale a eu lieu, le 22 décembre 1864 et la seconde, le 28 décembre 1865. Un dividende de 20 p. c., du capital versé, a été distribué, la
première année et de 10 p. c., plus 10 p. c. à la réserve, pour le second exercice.

Cette société est la cheville ouvrière des opérations
d'achat et de revente de domaines et de toutes les institutions qui devaient coopérer au nouveau système
d'affaires inaugurées par M. Langrand-Dumonceau
et dont nous avons parlé tantôt. La Banque hypothécaire belge avait déjà, avant la fondation de la Banque
de crédit foncier et industriel, fait quelques essais
d'opérations en achat et revente d'immeubles, en
Autriche, ainsi que nous l'apprend le rapport sur
l'exercice 1863, fait à l'assemblée des actionnaires,
le 31 mars 1864. Les affaires d'Inota, Reti et de Tinojaras se rapporteraient à ces débuts, au dire du *Wanderer* de Vienne, qui a consacré aux opérations de
M. Langrand-Dumonceau, des articles, auxquels nous
reviendrons plus loin. Du reste, dès la première année de son existence, la Banque hypothécaire belge
s'était occupée des prêts et opérations qu'elle pourrait faire, en Autriche, et avait dans ce but, cherché à
obtenir la reconnaissance officielle dans cet empire;
ce qui lui avait été octroyé. Nous soupçonnons même
que l'augmentation des prêts hypothécaires, de la première année à la seconde et à la troisième, provient
des affaires traitées plutôt en Autriche qu'en Belgique.
De fr. 2,432,977 pour 1861, l'on voit que les prêts
s'élèvent à fr. 9,887,500 en 1862, et à fr. 12,371,240 en
1863.

Il faut dire que le simple prêt hypothécaire ne peut
procurer, chez nous, des bénéfices considérables, à
moins que l'on n'opère sur des quantités très-fortes,

parce que l'on ne peut pas exiger plus de 5 p. c. des emprunteurs, tandis que les Banques hypothécaires doivent donner elles-mêmes 4 1/2 p. c., aux preneurs de leurs obligations ou lettres de gage. Or, ce n'est pas avec un demi pour cent sur le chiffre des opérations, traitées en 1861, 1862 et 1863, que l'Hypothécaire belge aurait pu distribuer des dividendes, s'élevant, respectivement, à 10 p. c., 15 p. c. et 79 p. c. Les prêts en Autriche, peuvent se faire dans des conditions plus favorables aux capitaux, parce que l'intérêt de l'argent y est plus élevé qu'en Belgique. Puis, on ne doit pas oublier le procédé d'escompter les annuités. Ceux qui se sont présentés aux bureaux de la Banque hypothécaire belge, pour avoir de l'argent, savent combien il était difficile d'en obtenir. Mais si nos populations n'ont pas tiré aide et secours des capitaux de cette banque, celle-ci, par contre, a su parfaitement profiter de son organisation, de l'influence personnelle de ses fondateurs pour placer ses lettres de gage dans le pays, faire une ample récolte de capitaux, surtout dans nos Flandres où ses obligations, recommandées par les noms les plus respectables, les membres du clergé, et connues sous le titre de *Bons De Decker*, ont joui, pendant quelque temps, d'une sorte de popularité.

Quoique la Banque hypothécaire belge, eût très-bien pu continuer elle-même le nouveau genre d'affaires, qu'elle avait inauguré par l'achat des domaines d'Inota, Reti et Tinojaras, soit en faisant verser son capital de 12 millions, soit en doublant, triplant, au besoin, ce dernier, nous voyons que c'est une nouvelle institution, la Banque de crédit foncier et industriel, que les fondateurs de cette dernière, qui sont en même temps, les administrateurs de l'Hypothécaire belge, ont résolu de faire l'agence d'informations, de préparation pour toutes les opérations foncières, qu'ils se proposaient de traiter désormais en Autriche et ailleurs. Dans leur pensée première, — car, en 1863, il ne s'agissait encore aucunement de la création du Crédit foncier international — la Banque hypothécaire belge, de même que la Banque hypothécaire néerlandaise et la Vindobona, devaient aider la Banque de crédit foncier et industriel, à renouveler sans cesse son capital roulant. Voici comment M. Langrand-Dumonceau s'exprime, à ce sujet, dans l'exposé des motifs, qui ont donné lieu à la création de la Banque de crédit foncier et industriel :

« La nouvelle Banque de Crédit foncier et industriel est appelée à prendre une large part au développement agricole, industriel, commercial que l'avenir laisse entrevoir : appuyée sur un capital social de 50,000,000 de francs, sur une émission de 25,000,000 de francs d'obligations, sur un dépôt de fonds qui sera considérable, ayant pour auxiliaires éprouvées la Banque hypothécaire belge, la Banque hypothécaire néerlandaise, la Vindobona, toutes institutions que plusieurs années de succès ont consacrées, assurée du placement des lettres de gage par un système d'organisation dont l'expérience a montré l'efficacité et que je vais encore développer, enfin, forte du concours sympathique de plus de deux mille actionnaires appartenant, pour la plupart, à la grande propriété foncière, dégagés de l'esprit de spéculation et tous intéressés à nos divers établissements, la Banque de Crédit foncier et industriel, tant par elle-même que par les ramifications qu'elle doit recevoir, *en couronne* l'ensemble et peut légitimement compter qu'atteignant son but, elle répondra pleinement à la confiance de ceux qui s'y sont associés. »

Voilà comment devait être organisé, dans la pensée de M. Langrand-Dumonceau, son système d'opérations d'achat et revente de domaines. Mais notons que cette pensée date, du 21 août 1863, et quoiqu'il affirme qu'il ait mûri son projet, depuis cinq ans, et que la Banque de crédit foncier et industriel en soit le couronnement, on verra que tous les six mois, à peu près, cette pensée a varié et que bien des couronnements nouveaux sont venus se superposer, depuis, au premier couronnement du 21 août 1863. Mais avant de continuer l'histoire des variations du fondateur de la Banque de crédit foncier et industriel, voyons le mécanisme de ses nouvelles opérations foncières. Citons encore un passage de l'exposé des motifs :

« Je veux esquisser brièvement, dit M. Langrand-Dumonceau, la marche suivie dans ces opérations, et celle que je me propose d'adopter pour d'autres semblables. X vend sa propriété qui lui est payée comptant. Au moyen du prix de vente, il éteint les dettes qui la grèvent et la livre quitte et libre de toute charge.

» Des paysans, en nombre quelconque, la rachètent par parcelles et s'engagent *solidairement* à la payer par 20, 25 et 30 annuités (1). Outre la garantie présentée par la valeur de leur nouvelle acquisition, les paysans ainsi associés, donnent, à titre de gage supplémentaire, une hypothèque d'une valeur au moins égale au bien qui a fait l'objet de la transaction, de telle façon que le prix, qu'ils s'obligent à rembourser, se trouve couvert par une hypothèque d'une valeur double de celle du bien.

» Les annuités représentant le prix de revente sont ensuite cédées à une banque hypothécaire indigène ou

____

(1) Dans les *Notions pratiques sur les opérations* du Crédit foncier international, on a étendu, jusqu'à quarante, les annuités ou époques de payement.

étrangère, et la société cessionnaire les fait garantir par la Vindobona. » (1)

Il est vraisemblable que la Banque de crédit foncier et industriel n'exigera pas toutes ces sûretés, des acheteurs de ses propriétés en France ou en Belgique, car l'on ne trouverait pas ici comme en Autriche, des gens disposés à fournir une hypothèque en sus du privilége du vendeur et surtout à se rendre solidaires des payements d'autres acheteurs. Ces précautions excessives ne peuvent être appliquées qu'en Autriche par suite de la juste défiance où l'on est de la solvabilité des acquéreurs. En Autriche, il y a peu de capitaux et les petits propriétaires ne sont pas nombreux, puisque les quatre cinquièmes de la propriété foncière sont dans les mains des grands propriétaires. Cela n'a pas empêché M. Langrand-Dumonceau, dans les *Notions pratiques* sur les opérations du Crédit foncier international, en date du 26 mai 1864, de nous représenter les paysans hongrois, les laboureurs (*Bauern*) à peu près comme de bons propriétaires dont la plupart possèdent d'assez vastes territoires et dont il n'est pas rare d'en rencontrer qui possèdent pour un million de propriétés. C'est là de l'exagération toute pure, ainsi que nous le démontrerons en traitant de la lettre de gage.

Nous sommes d'avis que la solidarité est une condition excessive et qui doit nuire beaucoup au succès

(1) Depuis, l'on a imposé aux emprunteurs ou sous-acquéreurs des domaines revendus, l'obligation de faire garantir, à leur frais, au profit et au nom de la société, l'exécution régulière des engagements dérivant du contrat de prêt ou de vente, par une société d'assurances hypothécaires, c'est-à-dire par la Vindoboba. Voir le réglement d'ordre intérieur du Crédit foncier international, art. 6, § 1 *in fine*.

des opérations d'achat et de revente des biens-fonds
en Autriche, ainsi que l'a fait remarquer M. Brasseur
dans ses lettres au *Précurseur d'Anvers*. Cela paraî-
tra d'autant plus vrai que le cercle des paysans capables d'acheter doit être restreint considérablement,
puisque ceux-ci ne possèdent que le cinquième de
la propriété foncière. L'hypothèque supplémentaire
est aussi une condition superflue et dangereuse,
puisqu'il y a déjà le privilége du vendeur, la solidarité
et la garantie de la Vindobona. Si M. Langrand-Dumonceau y avait bien réfléchi, il aurait plutôt encouragé
les petits cultivateurs laborieux et économes, non propriétaires, à le devenir ; il se serait ainsi ménagé une
grande clientèle qui lui fait défaut maintenant. Mais
cette triple garantie n'est-elle pas un indice que la
Banque de crédit foncier et industriel se défie singulièrement des *Bauern* millionnaires, dont parle M.
Langrand-Dumonceau dans ses *Notions pratiques?*

La Banque de crédit foncier et industriel avait
établi des agences, dans les principaux pays de l'Europe et s'était attaché un nombreux personnel pour
traiter les opérations d'un genre nouveau qu'elle allait entreprendre. Les occasions d'acheter des domaines à bon marché ne devaient pas manquer, grâce
surtout à la crise, à la misère qui régnait en Autriche, misère qui devait enrichir la Belgique, ainsi
que le dit crûment M. Langrand dans un exposé des
associations en participation formées par la Banque
de crédit foncier et industriel. « La propriété immobilière en Autriche, traverse une période de crise
dont la Banque de Crédit foncier et industriel veut et
doit tirer avantage. » « A l'heure qu'il est, dit encore
le directeur-gérant de cette société, des opérations
foncières sont *préparées* en Autriche pour une valeur
de plusieurs centaines de millions de fr. » Mais il y a

pour des milliards de propriétés, assure encore M. Langrand, en Autriche, qui ne demandent qu'à être achetées.

La matière commerciale, de spéculation immobilière, ne manquera donc pas. Et les bénéfices?

Les bénéfices doivent être considérables; sans cela, comme le fait justement remarquer le créateur de ce genre de spéculations, on ne parviendra jamais à déterminer les capitaux à concourir à des opérations traitées à l'étranger. Aussi, ne veut-il pas entreprendre d'affaire qui ne donne un minimum de 20 p. c. de bénéfices. Et à ce sujet, l'on ne doit avoir aucun souci, car, dans ses *Notions pratiques*, le même auteur nous apprend « que, depuis quatre ans, il a préparé en Autriche l'achat et la revente de propriétés pour des sommes tellement importantes et dans des conditions tellement favorables, que ces opérations permettent d'effectuer, dans *une période assez courte*, un bénéfice dépassant CENT MILLIONS DE FR. » Une seule chose peut donc arrêter l'essor des opérations que M. Langrand va entreprendre en Autriche, ce sera le manque de capital roulant. Mais il répond à cette objection en faisant remarquer que les lettres de gage de ses sociétés hypothécaires à 4 1/2 p. c. et surtout du Crédit foncier international, créées dans les premiers mois de 1864, à l'intérêt de 5 p. c., trouveront des preneurs dans la plupart des pays où l'on se contente d'un intérêt moins élevé ; « l'escompte est quelquefois à Londres, disent les *Notions pratiques*, à 2 1/2, à 3 1/2 p. c. »

Le séduisant programme de la Banque de crédit foncier et industriel, présenté au public belge par les mille voix de la publicité, appuyé sur les beaux dividendes que l'on avait distribués aux autres sociétés, fondées par M. Langrand-Dumonceau, les sociétés d'assurances sur la vie et les banques hypothécaires, la Vindobona, bénéfices composés de la manière que nous avons expliquée, appuyé sur toutes ces sociétés florissantes, qui faisaient cortége à la nouvelle venue, ce séduisant programme de la Banque de crédit foncier et industriel fut, disons-nous, accepté comme véridique. Une foule de personnes souscrivirent des actions de cette société et plus tard des parts de participation, puis des actions de l'International et enfin des lettres de gage. Les actions de la Banque de crédit foncier et industriel tirent aussitôt prime de 126 fr. Le plus simple bon sens devait cependant tenir en garde contre des opérations qui se traitent sur les bords du Danube, du Pruth ou de la Theiss et qui peuvent très-bien être du même genre que celles que Law préparait aussi, au siècle dernier, sur les bords du Mississipi. A beau mentir qui vient de loin, dit le proverbe. Et les ressources merveilleuses de l'Autriche nous étaient complétement inconnues, absolument comme les richesses de l'Espagne, de l'Italie et des plaines de Rutschuk et Varna, où l'on nous engagea, à la même époque, à verser nos capitaux pour construire des chemins de fer destinés aussi à de brillants résultats. Mais l'on était fatigué de la portion congrue des Consolidés, du 3 p. c. français, du 2 1/2 hollandais, du 4 1/2 p. c. belge et l'on était alléché par les 7 p. c. des obligations des chemins espagnols et italiens, et l'on souscrivit jusqu'à extinction, pour des entreprises, des chemins dont on ignorait même la situation topographique. L'on fut surtout alléché par les 20 p. c., au minimum, des entreprises Langrand-Dumonceau. Tout conspira à tromper le pauvre rentier, dont l'éducation financière est encore si arriérée. S'il lisait son journal, il trouvait aussi bien à la pre-

mière qu'à la quatrième page, un éloge ampoulé des
chemins de fer de Granolers, de Varna, des Méridio-
naux et surtout des opérations Langrand-Dumonceau.
S'il consultait son banquier, son homme d'affaires, il
n'était pas, hélas ! mieux adressé, car ceux-ci, aussi,
avaient une commission, un tantième à toucher sur les
titres qu'ils écouleraient. C'est ainsi que l'on a vu des
financiers, respectés jusque-là, engager, de confiance,
des clients, et pour des sommes considérables, dans
des valeurs dont ils étaient eux-mêmes incapables de
dire la solidité, parce qu'ils étaient. sur ce sujet, à peu
près aussi ignorants que le public. Aujourd'hui, que le
tour est fait, que les trop confiants rentiers ont perdu
jusqu'à 60 p. c. de leur argent dans ces entreprises
plus que hasardeuses, les intermédiaires intéressés qui
les ont *mis dedans*, s'en lavent les mains et sont tout
prêts à recommencer le même jeu s'il se rencontre de
nouvelles dupes. Et il n'y a pas de responsabilité légale pour de tels actes, car les conseilleurs ne sont pas
les payeurs, comme dit un vieil adage. Cependant en
y regardant de plus près, ne pourrait-on pas appliquer les règles du mandat salarié ? Car il nous répugne de parler abus de confiance et autres expressions mal sonnantes du Code pénal.

Voyons comment la pratique répondit à la magnifique enseigne que M. Langrand avait placée en tête
de son entreprise foncière austro-belge. Nous avons
dit que sa première idée, son idée du 21 août 1863,
quoique mûrie par l'expérience la plus péremptoire,
comme il s'exprime lui-même, et forte des leçons
du passé, avait été bientôt suivie d'une seconde.
D'abord, la Banque du crédit foncier et industriel
opéra avec son propre capital versé, soit 7,500,000 fr.;
puis, ainsi que le fait entendre l'exposé des motifs
précité, elle eut recours aux Banques hypothécaires

belge et néerlandaise, à qui elle remettait les annuités que lui souscrivaient les acquéreurs des domaines revendus par elle, contre les lettres de gage souscrites d'autre part, par ces sociétés et qu'elle-même négociait.

Cette première façon d'opérer de la Banque de crédit foncier et industriel ne semble pas avoir répondu à l'attente de son fondateur; car, un peu après la constitution de cette société, nous voyons qu'il imagine des sociétés en participation, comme auxiliaires pour fournir les capitaux nécessaires à ses entreprises en Hongrie, capitaux que les banques hypothécaires de Belgique et de Hollande avaient été incapables de lui procurer. D'après les bilans de la Banque de crédit foncier et industriel, que, pour abréger, nous appellerons désormais l'Industriel tout court, nous voyons qu'il s'est formé au moins trois associations en participation de cette nature; des circulaires sans date nous en font connaître les conditions.

Dès le mois d'août 1863, une première association fut ouverte et ses 25,000 actions, ou *parts*, comme on les appela, furent souscrites, dans un court délai. Il y avait deux catégories de participants, l'une, en Autriche, composée d'établissements financiers, banquiers et, en général, de toutes les personnes à même d'aider l'Industriel à lui trouver des propriétés dont l'achat en bloc et la revente par parcelles se présenteront dans les conditions les plus favorables; et la seconde, en Belgique, en France, en Hollande, dans certaines parties de l'Allemagne, en un mot, dans tous les pays où l'argent est à bon marché, de toutes les personnes pouvant s'occuper avec fruit de la rapide négociation des valeurs de la société. 12,500 actions furent souscrites par chacune des deux catégories de participants. L'association devait se liquider, en mars 1864, avec un minimum de fr. 10 p. c. de dividende, qu'une autre circulaire portait, bientôt, à 20 p. c.

Une seconde participation fut ouverte, dès le 15 décembre 1863, pour être close le 1er mars 1864, et liquidée, au plus tard, le 1er septembre même année. Elle était constituée au capital de 20 millions de fr., dont la moitié était prise par l'Industriel et l'autre par des particuliers. On garantissait d'abord 6 p. c. des sommes versées avant le 15 janvier 1864, 5 1/2 p. c. de celles versées du 16 au 31 même mois, 5 p. c. du 1er au 15 février et 4 1/2 du 16 février au 1er mars. Outre cet intérêt, l'on promettait une part dans les bénéfices, part qui pourrait varier de 6 à 4 1/2 p. c. A la fin de l'année 1863, le directeur-gérant de l'Industriel ne songeait donc pas encore à la société du Crédit foncier international. « On peut conclure, écrivait-il, que les différents intéressés que la Banque de Crédit foncier et industriel s'adjoindra, dans les associations en participation *qu'elle viendra successivement leur ouvrir*, auront trouvé, pour leurs capitaux, un placement exceptionnellement solide et lucratif, etc... » Il semblait donc que l'Industriel, flanqué des associations en participation, présentât la formule exacte, la réalisation complète de l'*idée* de M. Langrand-Dumonceau.

Il y eut jusqu'à trois sociétés en participation, puis les six mois de stabilité révolus, l'on sentit le besoin de donner une troisième formule à l'*idée*; c'était la création du Crédit foncier international. Nous sommes bien obligé de traiter de cette troisième métamorphose ou incarnation de l'*idée* de M. Langrand-Dumonceau avant de donner des détails sur le premier bilan de l'Industriel, puisque c'est pendant le premier exercice de cette société que ces incarnations se firent successivement, à quelques mois de date, en assurant chaque fois que c'était bien la formule définitive, le couronnement de son œuvre.

Nous dirons plus loin, en traitant du premier bilan du Crédit foncier international, que, également par économie d'expressions, nous appellerons uniment International, avec quel apparat cette société fit son entrée dans le monde. Cette fois, à n'en plus douter, il s'agissait bien du couronnement de l'œuvre. Examinons ici le double rouage et le fonctionnement de l'Idustriel et de l'International, leur utilité ou *indispensabilité* mutuelle, si cette expression était reçue. C'est une circulaire du 6 janvier 1864 qui nous révèle la conception de la nouvelle société, de « l'auxiliaire indispensable que nous venons donner à la Banque de Crédit foncier et industriel », mais dont on avait bien pu se passer jusque-là. L'International était destiné, dans la pensée de son fondateur, à devenir le grand bailleur des capitaux dont l'Industriel aurait besoin pour faire ses opérations en Autriche. Tandis que celui-ci s'occuperait à acheter et à revendre des immeubles à des groupes de petits cultivateurs, ainsi qu'il a été expliqué plus haut, et que ceux-ci souscriraient des hypothèques et annuités au profit de l'Industriel, l'autre organe essentiel de l'œuvre, l'International s'occuperait à émettre des lettres de gage, sur toutes les places de l'Europe, dont il remettrait le montant à son confrère l'Industriel, en échange des annuités que celui-ci lui passerait. Cette association mutuelle était faite à la condition que l'International, en sa qualité de banquier, aurait la plus grosse part des bénéfices, soit les 2/3 et l'Industriel seulement 1/3, comme n'étant sans doute qu'un simple agent d'affaires.

Bien que, dans le premier bilan de l'Industriel,

M. Langrand-Dumonceau déclare que la fondation de l'International soit de toutes ses opérations, celle dont il a le plus de droit de se féliciter, nous pensons avec M. Brasseur, « que l'existence de l'une des deux sociétés de l'Industriel ou de l'International, est complétement inutile. Le Crédit foncier industriel, ajoute cet économiste, cède, à l'International, les deux tiers de ses bénéfices. Un pareil marché nous semble très-onéreux. En effet, par la vente de ses annuités, la première société se procure uniquement des fonds, de la seconde. Il nous semble qu'elle paye bien cher ce service ! Ne pourrait-elle pas avoir les capitaux à meilleur marché (1). » Nous voyons qu'après un an d'expérience , M. Langrand-Dumonceau lui-même est devenu de notre avis. Mais il ne semble pas se croire obligé à donner à ses créations une plus longue durée. Le rapport, sur le premier bilan de l'International, exposé, le 14 septembre 1865, déclare que « la convention qui *entravait* notre liberté d'action mutuelle, » a été résiliée de commun accord. D'où vient ce revirement? Le 9 septembre, M. Langrand-Dumonceau disait, dans sa circulaire, annonçant la création de la Banque internationale de crédit agricole : « Vous le voyez, l'Industriel et l'International, réunis, constituent une banque de crédit foncier ordinaire, telle qu'elle fonctionne chez nous et ailleurs. Mon point de départ m'a forcé de confier à deux organes, qui doivent se prêter un mutuel appui, la mission qui est dévolue à chaque banque de crédit foncier ordinaire ; j'ai appliqué le grand et fécond principe de la division du travail. » On ne fait que tomber de surprise en surprise, quand l'on suit M. Langrand-Dumonceau.

(1) Voir la quatrième lettre que M. Brasseur publia dans le *Precurseur* d'Anvers, du 30 janvier 1865.

Le 9 septembre, on traite *ex professo*, dans une longue circulaire, qui a la prétention de démontrer l'unité du système des diverses sociétés créées par M. Langrand-Dumonceau et dans laquelle on ne fait pas connaître que le contrat entre l'Industriel et l'International est rompu. Au contraire, l'on y dit, en parlant de l'*idée* de M. Langrand-Dumonceau, c'est-à-dire l'exportation des capitaux belges en Autriche, pour les affecter en spéculations immobilières : « Mais cette conception me força naturellement à dédoubler le rôle d'une banque de crédit foncier. Mon système devant fonctionner à la fois dans deux pays différents, exigeait deux organes au lieu d'une banque unique et centrale. C'est ce qui explique l'origine de la *Banque de Crédit foncier et industriel*, et de la *Société de Crédit foncier international.* »

Nous ne sommes nullement d'avis qu'il fallût *naturellement dédoubler* le rôle d'une banque de crédit foncier ordinaire ; nous ne voyons pas pourquoi, encore une fois, l'Industriel ne se serait pas établi, sur des bases très-larges, de manière à remplir, lui seul, les fonctions dévolues à deux organes, bien gratuitement. Le Crédit foncier de France et toutes les banques foncières ou hypothécaires du monde ne croient pas à cette nécessité du dédoublement dont parle M. Langrand. Nous verrons, plus loin, à qui profitent tous ces dédoublements en double, triple, quadruple et quintuple partie. Disons que l'on agit sans prévision, à l'aventure, sinon au jour le jour, à peu près l'année à l'année, sans plan mûri, sérieux, et que l'unité dont parle la circulaire du 9 septembre, est venue après coup ; que tout cet échafaudage d'institutions mal adaptées, accolées l'une à l'autre, sans esprit de suite, fait penser naturellement à la monstrueuse conception dont parle Horace, au début de l'Art poétique.

Le 14 septembre 1865, l'on apprend avec stupéfaction que l'Industriel et l'International se gênaient dans leur action commune, que la convention, qui les liait mutuellement, *entravait* leur liberté d'action!... Mais si l'International ne doit plus profiter, *par participation*, aux bénéfices exceptionnels que procurent les opérations d'achat et de revente de domaines en Autriche, que voulez-vous donc qu'il fasse? Qu'il se contente d'être simplement le banquier de l'Industriel, en achetant ses annuités et en émettant des lettres de gage, pour bénéficier de la différence entre le prix auquel il prêtera de l'argent à l'Industriel, et celui auquel il pourra lui-même emprunter au moyen de ses lettres de gage? Ce serait bien maigre, après les plantureuses opérations auxquelles vous l'aviez associé. Ce serait le réduire au rôle de simple banque hypothécaire. Or, ce n'est pas ce que l'on avait promis à ses actionnaires, dans les *Notions pratiques*. En parlant du Crédit foncier autrichien, M. Langrand disait : « Remarquons, toutefois, que cette société se borne, en ce qui concerne les opérations foncières, à faire le *simple prêt* hypothécaire. » Dans les mêmes *Notions pratiques*, n'est-il pas écrit, en se servant, nous l'avouons d'une figure de langage vraiment amphibologique. « Ensuite, ne se bornant pas au simple prêt, mais faisant *exclusivement* l'achat et la revente.... » C'est bien de l'International qu'il s'agissait alors? On n'en peut douter, quand plus loin, comparant la situation d'une simple banque hypothécaire et de l'International, M. Langrand ajoute :

« Je ne puis en effet trop vivement insister sur la différence essentielle, qui existe entre un emprunt contracté près d'une banque hypothécaire, pour faire face au payement d'intérêts échus, et relalifs à des obligations antérieures, et l'opération foncière qui liquide d'une part la fortune territoriale du grand propriétaire grevé, et de l'autre, rend le petit propriétaire débiteur du Crédit foncier international, du chef d'acquisition d'une portion de domaine.

» Dans le cas de l'emprunteur, la garantie est plus ou moins précaire, puisque le prêt contracté ne l'est que pour parer à une situation déjà fâcheuse, tandis qu'en matière d'achat et de revente, il y a garantie solide et inébranlable. *C'est qu'en effet l'opération foncière du Crédit foncier international* est complète, qu'elle constitue une des véritables améliorations à apporter à la situation de la propriété en Autriche, et qu'elle assure, tout en réalisant des bénéfices légitimes (20 p. c. au minimum), la conservation et le progrès de cette base essentielle de l'ordre social : la propriété. » (1)

L'International en sera réduit, disons-nous, à servir de banquier à l'Industriel en lui escomptant son papier, c'est-à-dire ses annuités. En effet, il n'est pas organisé, lui, pour opérer en Autriche où l'Industriel seul a des agences, des succursales. L'International devait, d'après ses prospectus, établir des banques locales partout où l'argent est à bon marché, pour y opérer des émissions de lettres de gage dans les meilleures conditions. Une seule banque de cette nature a été fondée, c'est l'Hypothécaire saxonne. C'est sur la Banque internationale de crédit agricole que M. Langrand-Dumonceau a reporté la mission de créer partout des banques locales. « Son action directe ne pouvant, dit la circulaire du 9 septembre dernier, qui annonçait cette institution, se faire sentir dans

---

(1) Nous verrons plus loin, en traitant des lettres à gage, que tout ceci est rempli de confusion, car les acheteurs sur revente contractent avec l'Industriel, qui seul opère en Autriche et qui rétrocède ensuite ses créances à l'International.

les différents pays de l'Europe, *elle créera un nombre considérable* de banques locales de crédit agricole... Ces banques locales auront à leur tête un directeur et quelques administrateurs, qui seront tous choisis parmi les notabilités les plus capables et les plus influentes de leur arrondissement... »

Très-bien, mais pour la troisème fois, que faites-vous de l'International, la Banque *foncière-mère*, comme vous l'appelez? Nous craignons bien qu'elle ne soit destinée à disparaître et aller où vont se rendre les vieilles lunes. Mais il y a plus; c'est que depuis la réunion du 28 décembre dernier, de l'Industriel, on ne peut plus douter, que pareil sort ne soit réservé à cette dernière société elle-même, de façon que nous voilà lancés dans l'inconnu et que tout le système est à refaire. Mais alors qui deviendrait l'office immobilier, qui reprendrait les affaires, la clientèle et le fonds de l'Industriel? L'International? qui prendrait sans doute la Banque internationale de crédit agricole pour banquier? On croit généralement que ce sera cette dernière qui succédera à l'Industrie. Et l'International, conserverait le titre honorifique de banque *foncière mère*, avec une pension que les *banques filiales* lui feraient? Il y a, ensuite, dans le lointain, cette mystérieuse *Association foncière allemande*, dont la circulaire du 9 septembre nous révèle l'existence et qui fera sans doute, dans quelque temps, son incarnation à la façon des dieux indiens. Mais, à chaque jour, suffit sa peine, et à chaque exercice, sa métamorphose; n'allons pas plus vite que M. Langrand-Dumonceau lui-même. On avance, en vérité, dans l'épopée de ce financier, comme dans les poëmes orientaux et les romans du moyen âge, de cycle en cycle, à l'infini. Nous nous réservons de montrer, plus loin, quel utilité ou plutôt quel profit, il y avait à tirer pour certains intéressés de toutes ces métamorphoses.

On a compris par ce qui précède, que le système financier de M. Langrand-Dumonceau n'est qu'un composé hétérogène, dénotant l'esprit d'aventure au suprême degré. C'est avec de pareilles combinaisons que l'on veut renouveler la fortune de l'Autriche et des Pays-Bas, améliorer le change sur Vienne, etc !... Mais ne nous arrêtons pas trop ; nous avons à examiner les deux premiers bilans de l'Industriel.

CHAPITRE III.

Examen des bilans de l'industriel.

Toutes les manifestations, entreprises nouvelles,
prospectus, circulaires, rapports, assemblées générales, qui se font au nom de M. Langrand-Dumonceau, ont le privilége d'exciter vivement l'attention
ou tout ou moins la curiosité publique. Mais ce sont
les bilans surtout que les intéressés attendent avec
une impatience quelque peu fiévreuse. Ce financier a
habitué son monde à des émotions subites, qui ressemblent au sentiment que l'on voit éclore dans les
banques de villes d'eaux, autour du tapis vert ou
bien dans la coulisse de la Bourse. On est intrigué de
voir comment l'artiste financier, s'il était permis de se
servir de cette image, se tirera du pas difficile où il
s'est placé, par son affiche, promettant des résultats
merveilleux, des bénéfices exceptionnels, un succès
colossal, toutes expressions que l'on retrouve dans
ses prospectus ou dans les journaux à sa solde.

C'est donc avec empressement que l'on s'était

porté, le 20 décembre 1864 et le 28, du même mois, 1865,
jour anniversaire du massacre des saints Innocents,
au Vaux-Hall du Parc, à Bruxelles, où ont eu lieu les
premières assemblées générales des actionnaires de
l'Industriel ; c'était des espèces de séances de démonstration de la théorie financière nouvelle de
M. Langrand-Dumonceau. L'exercice de l'Industriel
se clôture, comme l'on sait, le 31 août de chaque
année.

§ I. — *Le capital.*

En supposant réalisable la conception financière
de M. Langrand-Dumonceau, ce n'est pas un capital
de 50 millions de francs qu'il aurait fallu, à l'Industriel, avec faculté d'émettre des obligations à concurrence de la moitié du capital émis, mais c'était d'un
coup, trois cent millions qu'il fallait, comme la Banque générale des travaux publics et de l'agriculture,
qu'il créa, en janvier 1865, ou même de 500 millions
de francs. Cela eût inspiré plus de confiance aux souscripteurs, à qui l'on a tout de même demandé, sous plusieurs formes différentes, des sommes plus considérables, ainsi qu'on le voit par le tableau mis en tête de ce
volume. Nous ajoutons même que si l'on avait fourni
au public autre chose que le roman des *Notions pratiques*, si l'on avait fait toucher du doigt la réalité des
entreprises foncières en Autriche, il n'aurait pas été
impossible de trouver, en Belgique et en Hollande, un
nouveau milliard après les deux à trois que ces pays
ont prêtés à l'Autriche, en prenant ses valeurs nationales de crédit pur. Or, c'était des titres hypothécaires que M. Langrand promettait.

On a préféré la combinaison des participations à
celle d'un capital social considérable. Voyons donc,
non plus ce qu'il fallait faire, mais ce que l'on a fait.

Le capital de l'Industriel est divisé en 100,000 actions de 500 francs. Une première émission, de 50,000 actions, eut lieu, au début de la société, en août 1863, sur laquelle on exigea un versement de 30 p. c., soit 150 fr. par action. C'est avec 7,500,000 fr. que l'Industriel se mit en campagne pour les terres d'Autriche. Ce n'est qu'après la clôture du premier bilan que l'on émit les 50,000 actions restantes, sur lesquelles se fit pareillement un versement de 30 p. c. Comme l'on n'a pas fait de nouvelles acquisitions d'immeubles, pendant le second exercice, si ce n'est peut-être les terrains destinés aux *Magasins Réunis*, à Paris, achetés pour compte de l'International, l'on se demande à quoi les 7,500,000 fr., produit de la seconde émission, auront servi? On ne dira pas que ce capital versé était destiné à payer les domaines acquis en Autriche, puisque, à l'exception de trois, Godollo, Hatvan, Szent-Lorincx, les opérations de l'achat et de la revente devaient être simultanées, et l'Industriel ne payait le prix d'acquisition à ses vendeurs qu'au moyen du produit des lettres de gage, reçues des banques hypothécaires, puis de l'International, en retour des annuités qu'il leur cédait. Or Godollo, Hatvan et Szent-Lorincx avaient été achetés, pendant le premier exercice également, et avec l'argent de l'International. Ce n'était pas pour fonder de nouvelles agences, ni pour des frais généraux plus considérables que l'on émit la seconde moitié du capital, car l'organisation était complète à la fin de la première année d'exercice, et le rapport promettait que les frais généraux, assez élevés au premier bilan, ne se représenteraient plus à l'avenir.

Mais ne fallait-il pas faire de l'argent, à la fin de l'année 1864, parceque l'Industriel avait à payer des dividendes, pour lui et pour l'International? Du reste,

M. Langrand-Dumonceau ne se cache pas de distribuer des dividendes au moyen du capital (1), ainsi que nous le voyons dans une lettre en réponse, à John Patrick O'Neil, où il avoue qu'il escompte les bénéfices des annuités non encore encaissées, et ainsi que cela résulte, à l'évidence, des bilans de ses sociétés d'assurances sur la vie et de ses sociétés hypothécaires.

Il reste donc dû 35 millions de fr. par les souscripteurs des 100,000 actions de l'Industriel : c'est la garantie des porteurs des obligations de cette société,

(1) Il est donc fort possible que les actionnaires de l'Industriel auront reçu, fin 1864, comme dividende le même argent qu'ils venaient de verser pour la deuxième émission du capital. Cette pratique de distribuer aux actionnaires, en guise de fruits, la substance même de la société, a été *illustrée* d'une façon trop pittoresque, dans la *Revue théâtrale* de l'année 1865, *Les Bêtes malades*, par Flor-O'Squarr, pour que nous n'en donnions pas au moins le croquis. La scène se passe rue Joseph II, à Bruxelles, où un financier est en train de procéder à la création d'une nouvelle société la *Carottabona*, au capital de 100 millons. Au milieu d'un concours très-bigarré de petits rentiers et d'actionnaires, on voit le dieu Mercure donner à la troupe besoigneuse, friande de primes et de dividendes, l'assurance qu'elle touchera incontinent un dividende, aussitôt qu'elle aura fait son premier versement à la *Carottabona*. Et de voir tous ces moutons suivre au premier guichet, celui des versements et se retourner plus allégrement quand on leur montre un second guichet, où l'on paye un premier dividende de la société à peine constituée. Applaudissements frénétiques de la part des actionnaires ; tableau. Au milieu de cette scène indescriptible, l'on remarque un vieux sceptique d'actionnaire comptant, recomptant, tournant, retournant ses espèces métalliques, touchées fraichement. Sur la question que lui fait Mercure, il répond avoir un doute sur la provenance du susdit dividende, par la raison qu'il vient de recevoir précisément les mêmes pièces de monnaie qu'il avait données en faisant son premier versement.— Et comment cela? — Parce que je reconnais la croix que j'ai faite suivant mon habitude, sur cette pièce-là. — Ah! vous avez fait une croix dessus, reprend le dieu, en faisant avec sa main, le signe de croix, d'une certaine façon ? c'est ce que vous aviez de mieux à faire.

et des créances hypothécaires ou annuités, dans le cas où les sous-acquéreurs des domaines revendus par l'Industriel ne payassent pas ou payassent tardivement. Nous savons ce que signifie la garantie de la Vindobona. Nous examinerons en détail la nature et les droits que confère l'annuité en traitant spécialement de la lettre de gage.

§ II. — *Les immeubles.*

Entre toutes les opérations de l'Industriel, celle qui concerne l'achat et la revente de propriétés immobilières est assurément la principale, car elle répond directement, dit le rapport sur le premier exercice, à la pensée qui a inspiré la fondation de cette société. L'Industriel avait, au 31 août 1864, pour 30,307,311 francs d'immeubles, après en avoir déjà revendu, pendant le courant de l'année, pour 16 millions 855,080 fr. Le bénéfice fait sur la revente s'est élevé à 3,488,821 fr.

M. Langrand-Dumonceau ne tarit pas d'éloquence tant qu'il n'est que dans la période des prospectus ; mais quand il arrive aux bilans et rapports, il y a dans son style une concision desespérante pour ceux qui veulent examiner foncièrement si la pratique a répondu à la théorie. Il semblait au moins que la partie des rapports traitant des affaires immobilières, dût être d'autant plus détaillée et explicite qu'il s'agissait d'opérations faites au loin, et échappant au contrôle des actionnaires belges. Lorsque les sociétés immobilières de Paris, de Bruxelles ou d'autres endroits publient leurs bilans, elles ont soin de faire connaître les principales dispositions du cahier des ventes : situation, contenance, rendement, puis le prix de vente de tous et de chacun des immeubles qui ont fait l'objet des opérations sociales. Que voyons-nous, dans le premier rapport de l'Industriel sur les domaines achetés en Autriche, pour une somme de 43 millions de francs, à la date du 31 août 1864? On se contente de donner des indications vagues et qui n'apprennent absolument rien ; on affirme que les reventes qui ne font que commencer, promettent des résultats tout à fait exceptionnels. Si le rapport fait, le 20 décembre 1864, avait été insignifiant au point de vue des renseignements sur les immeubles, l'on peut bien dire que celui du 28 décembre 1865 a été muet sur le même sujet. Le chapitre *immeubles* occupe, dans ce rapport, les trois lignes suivantes ; « Le compte *immeubles* ne comprend plus que fr. 1,487,662 69 c., soit les sommes déboursées pour les terrains de Madrid et de Toulouse, augmentées des intérêts et des frais. »

Voilà donc tout ce que l'administration de l'Industriel croit devoir apprendre aux actionnaires belges sur les opérations foncières en Autriche ! Ce n'est ni l'actionnaire anglais, ni surtout l'actionnaire américain que l'on mènerait d'une façon aussi cavalière et autocratique. Pourquoi ne pas avoir donné les noms au moins des domaines, la situation et le prix d'achat et de revente de chacun d'eux, afin que les actionnaires pussent vérifier par eux-mêmes ou autrement l'exactitude des allégations de l'administration. Quel danger peut-il y avoir pour la société à donner le détail des opérations immobilières achevées? Nous comprendrions qu'il pût être de bonne tactique de taire les noms des domaines, dont on négocie l'achat au moment du rapport à l'assemblée ou même de donner trop de détails sur ceux dont le dépècement ou la revente est en cours d'exécution, comme les domaines de Godollo (1), Hatvan et Szent-Lorincx, les seuls dont il soit parlé expressément dans le rapport pour l'exercice 1863-1864.

Le second rapport veut bien nous apprendre, qu'au

(1) Une correspondance de Vienne insérée dans la *Finance* du 11 janvier 1866, nous apprend que ce domaine dont, les nobles Hongrois voulaient faire cadeau à l'empereur d'Autriche, avait été acquis directement par ce souverain. Quoique ce ne soit pas une revente par parcelles, mais bel et bien de la spéculation immobilière toute pure, et d'occasion, nous pensons que cette vente ne prouve absolument rien ou prouve trop, pour le système de M. Langrand-Dumonceau. Il ne prouve rien, parce que ce n'est pas une revente parcellaire ; il prouve trop, parce qu'il ferait croire que l'Industriel, qui en était propriétaire, d'après le rapport du 30 décembre 1864, l'aurait revendu après la clôture de son second exercice, alors que le bilan ne porte plus en fait d'immmeubles que les terrains de Madrid et de Toulouse. Qui donc a revendu Godollo à l'empereur d'Autriche, ou plutôt, suivant un journal allemand, aux nobles Hongrois, lesquels en ont fait hommage à leur suzerain, puisque ce ne peut être l'Industriel? Peut-être saurons-nous, un jour, par les bilans de l'International ou de la Banque agricole, ou d'une autre société du même groupe, laquelle a hérité de ce domaine et la prime qu'elle a dû payer pour l'acquérir.

Une correspondance de Vienne, insérée dans la *Nouvelle Gazette* (allemande) *de Francfort*, en date du 6 février courant, nous apporte enfin la version suivante : Le domaine de Godollo aurait appartenu, en dernier lieu, à la Vindobona et aurait été vendu par cette société, pour être approprié à une résidence d'été de l'empereur d'Autriche. Mais M. Langrand aurait dû rabattre de la moitié du prix primitivement demandé, en raison de la situation pénible où l'affaire Esterhazy vient de placer la Vindobona. La vente de Godollo, ajoute le journal précité, ne procurera pas des roses à M. Langrand. Sans entrer dans la polémique qui vient de surgir en Autriche au sujet de l'administration des domaines du prince Esterhazy, qui ont passé des mains du comte Zichy dans celles de M. Langrand et de ses sociétés, nous dirons que la Vindobona subit en ce moment une épreuve qui peut lui être fatale. Elle a garanti les emprunts Esterhazy, à l'exception de *l'emprunt-loterie* et des *Dettes hongroises*, et elle va intenter, le 15 mars prochain, une action en expropriation forcée des domaines du prince qui lui ont été engagés, si à cette date il n'est pas intervenu un arrangement. Ainsi, la Vindobona, la garantie su-

31 août 1865, dans les trois lignes, reproduites tantôt, que l'Industriel n'avait plus à ses crochets que pour fr. 1,487,662-69 d'immeubles, et que ces immeubles sont situés à Madrid et à Toulouse. En vérité, c'est trop de bonté. Mais quant aux 28 à 29 millions d'immeubles ou de domaines revendus, en Autriche, l'on n'a pas jugé à propos de nous en entretenir. On dit sèchement qu'ils sont réalisés, sans indiquer si c'est en bloc ou en détail. Ce n'est que par les indiscrétions du *Wanderer* de Vienne, par une petite brochure intitulée : *Mademoiselle La Ruine ou grandeur et décadence des banques, de M. Langrand-Dumonceau*, ainsi que par quelques articles de l'*Escaut* d'Anvers et enfin par une lettre de M. le professeur Arntz, de Bruxelles, que nous avons pu avoir quelques bribes de renseignements sur les célèbres opérations foncières, traitées en Autriche, par l'Industriel.

D'après le premier rapport de l'Industriel, toutes les acquisitions de domaines, pendant le premier exercice, s'élevaient au chiffre de 20, dont la moitié seulement, et la moins importante, fut réalisée en 1863-1864. Les dix principaux domaines ont été revendus en détail ou cédés en bloc, on ne le sait pas au juste, en 1864-1865. Quelles étaient toutes ces propriétés ?

Nous avons d'abord la *Pussta Borota*, dans le comitat de Baes qui fut achetée par la Banque hypothécaire belge, à M. Schey (1), l'un des membres de l'ad-

prème de toutes les entreprises Langrand-Dumonceau, se trouve sous le coup d'une affaire — une seule — qui peut épuiser toutes ses ressources du coup. Quant au prince Esterhazy, dont on voulait refaire les affaires, en changeant ses fermiers généraux, il est à craindre qu'il ne soit tombé de Charybde en Scylla.

(1) C'est le même personnage, dont la nomination au conseil dirigeant de la Banque de Vienne n'a pas été ratifiée par le gouvernement. Cette exclusion donne lieu, en ce moment, à beaucoup de commentaires.

ministration de la Vindobona et du comité chargé
des opérations foncières, en Autriche, qui vendit
sa propre chose, lui étant l'intermédiaire de l'acte de
cession. Cette première affaire fut de mauvais augure. Le prix d'achat fut de 800,000 fl. v. a. et le prix
de vente de 960,000 fl. M. le professeur Arntz estime,
lui, dans sa lettre du 12 septembre 1864, insérée
dans l'*Écho du Parlement,* que ce domaine valait
980,000 fl. au minimum et 1,180,000 au maximum,
S'il fallait en croire l'éminent professeur de droit de
l'Université libre de Bruxelles, qui reçut de M. Langrand-Dumonceau la double mission d'étudier le
régime de la propriété en Autriche et de prendre les
informations les plus précises sur les premières opérations d'achat et de vente, à en croire M. Arntz,
disons-nous, l'affaire de la pussta Borota n'aurait
donné lieu à aucun inconvénient. « Il n'est pas vrai,
dit-il, en réponse aux articles du *Wanderer,* que les
acheteurs de la Borota aient refusé d'observer le contrat ; ils ont volontairement acquitté l'annuité échue
le 1er octobre 1863. » Et jamais, d'après le même,
aucun acheteur de la Borota n'aurait été *forcé* de
remplir les stipulations de son contrat ; bref cette
affaire aurait présenté, en septembre 1864, une situation satisfaisante.

Malheureusement le démenti donné par M. Arntz
au *Wanderer,* avec redoublement de locutions aima-
bles, « *il est faux,* » il *n'est pas vrai, c'est de la mauvaise foi,* etc... placées dans quinze alinéa successifs, ce démenti peu oratoire a été lui-même démenti
solennellement, à l'assemblée générale des actionnaires du Crédit foncier international, tenue à Londres
le 14 septembre dernier, dans le passage suivant du
rapport : « Quant aux opérations qui avaient été traitées antérieurement par la Banque hypothécaire

belge ou par la Banque de Crédit foncier et industriel
et dont les résultats figurent dans notre actif par suite
de l'acte de fusion du 30 mars 1864, une seule, *Borota*
donne lieu à quelques difficultés.

» Traitée la première, cette opération d'achat et de
revente a été faite, en laissant aux acquéreurs le soin
de faire le parcellement en tenant compte de leurs
propres convenances. Ces acquéreurs ne sont point
parvenus jusqu'ici à se mettre d'accord et, l'intabu-
lation des biens vendus au nom de chacun des acquéreurs n'est pas encore régularisée. Cette situation
de *Borota* est l'objet d'un examen consciencieux ; les
acquéreurs primitifs, qui ne veulent pas remplir leurs
engagements, seront remplacés par d'autres, et nous
avons l'espoir fondé de n'éprouver aucune perte sérieuse de ce chef ; une somme de 185,000 francs, en
annuités échues et *non payées*, fait l'objet d'une négociation entre la *Vindobona*, la Banque de Crédit foncier et industriel, les liquidateurs de la Banque hypothécaire belge et la Société de Crédit foncier international. Mais nous croyons devoir faire remarquer,
à cette occasion, que la Banque hypothécaire belge a
laissé en nos mains un capital de 1 million de fr. pour
faire face aux réclamations qui s'élèveraient à sa
charge et dont la légitimité serait reconnue (1). » La
précaution était sage, ainsi qu'on le verra à l'article
consacré à la fusion de l'Hypothécaire belge dans
l'International.

(1) Après cela, acceptez des missions en Hongrie au nom de M. Langrand
pour vous voir désavouer d'une façon aussi dure que l'a été M. Arntz,
à un an d'intervalle ! Ce dernier ne trouvera pas comme compensation suffisante, l'article magistral qui parut, le 22 septembre 1864,
dans le journal charivarique *Le Grelot*, tiré pour la circonstance à
282,397 exemplaires, et qui célébrait le mémoire de M. Arntz, « mettant à nu la malveillance systématique du *Wanderer*, etc. . »

L'*Écho du Parlement* a donc été bien bon d'accepter purement et simplement les démentis contenus dans la lettre de M. Arntz. La plupart des affirmations du *Wanderer* sur les achats de domaines, faits jusqu'en septembre 1864, restent donc debout, puisque les assertions du savant professeur de droit à l'Université de Bruxelles n'ont pas été confirmées plus tard et que quelques-unes ont été déclarées fausses à leur tour. Mais il faut dire que si M. Langrand n'a pas ménagé son plénipotentiaire juridique, en Hongrie, dans le rapport de l'International, le 14 septembre 1865, il faut dire que ce dernier avait commis une insigne maladresse, dans le fameux mémoire, tant célébré par le charivarique *Grelot*. Dans le dernier bilan de l'Hypothécaire belge, présenté le 31 mars 1864, aux actionnaires, M. Langrand avait affirmé que « malgré une sécheresse persistante qui avait pris les proportions d'une calamité nationale et avait nécessité l'intervention des pouvoirs publics, *pas une seule des annuités dues par nos emprunteurs sur hypothèque n'est restée en souffrance.* » Voilà que le 9 septembre suivant, M. Arntz écrit, à son douzième démenti : « *Il n'est pas vrai* que M. Langrand n'a pas accordé de terme pour le payement de ce qui lui était dû en vertu du contrat. La demi-annuité échue au 1er avril dernier n'a pas été payée et les acheteurs de *Borota*, *Isida* et *Tinojanas*, au nombre d'au plus de 700, *ont tous sans exception* obtenu délai de payement jusqu'au 1er novembre prochain. Ils ont invoqué l'indulgence de la Banque, à cause de la grande sécheresse qui a frappé la Hongrie dans le courant de l'année 1863, et ils ont promis de payer le tout, au 1er novembre prochain. En vertu des pouvoirs qui m'avaient été conférés, j'ai moi-même accordé ce délai à tous les acquéreurs de Borota par une déclaration consignée dans le procès-verbal authentique, dressé devant M. le juge Boja, le 19 mai dernier.

On n'est jamais trahi que par les siens. Évidemment, M. Langrand n'ignorait pas, le 31 mars, en faisant son rapport à l'assemblée des actionnaires de l'Hypothécaire belge que des délais avaient dû être accordés aux sous-acquéreurs de ces domaines, de sorte que sa déclaration doit paraître extrêmement singulière. Mais sa conduite, sinon ses paroles, dénotent un bon naturel et l'on eût eu lieu de s'étonner s'il avait sévi impitoyablement contre les débiteurs en retard. Quant à l'impossibilité, où étaient ces der-niers de payer, elle est constatée également par un rapport présenté, le 23 avril 1864 par M. Isaac Pereire, à l'assemblée générale des actionnaires du Crédit mobilier français. En traitant des chemins de fer autrichiens, ce financier disait : « Le mal (la sécheresse) a été tel que la société autrichienne a dû faire elle-même, à ses fermiers du Banat, l'avance en nature des semences. » Nous verrons en traitant des lettres de gage ce qu'il faut penser de la solvabilité des cultivateurs hongrois, sty-riens, etc.

On se demandera quel intérêt l'on avait à déguiser la vérité, dans le rapport de l'Hypothécaire belge, quand on disait que les débiteurs avaient tous payé leurs annuités ? C'est qu'il s'agissait de présenter les affaires, la clientèle de cette société, sous le meilleur jour possible, au moment même où se concluait la fusion de l'Hypothécaire, devenue si onéreuse pour l'International.

Il y aurait encore bien d'autres choses curieuses et peu édifiantes à relever, si l'on voulait discuter les domaines, au moyen du *Wanderer*, du mémoire de M. Arntz et des autres mais fugitifs éléments que l'on possède (1). Nous ne saurons pas, toutefois, où sont passés les dix domaines, d'une valeur de 30 millions de fr. qui restaient à liquider, au 30 décembre 1864 et dont il n'y avait plus que pour fr. 1,487,662, au 31 août 1865. Ont-ils été cédés en bloc à la nouvelle Banque internationale de crédit agricole ou bien à l'Association foncière allemande, ou bien à l'Hypothécaire saxonne ; ou ont-ils réellement été vendus, en détail, à des paysans hongrois ? C'est ce que l'on saura, un jour peut-être, par les révélations de justice comme cela est arrivé pour les *Magasins Réunis* de Paris, dont nous aurons à parler à propos du portefeuille.

§ III. — *Annuités à céder, valeurs diverses et porte-feuille*. Histoire des MAGASINS RÉUNIS.

Le portefeuille de l'Industriel devrait être nul, puisque les capitaux lui font défaut pour ses opérations, en Autriche et qu'il ne peut pas espérer, des valeurs qu'il y conserverait, un intérêt aussi élevé que le taux des bénéfices (20 p. c. au minimum) qu'il obtient dans ces opérations. On pourrait nous répondre que

(1) La brochure intitulée : *Mademoiselle La Ruine ou Grandeur et décadence des Banques de Langrand-Dumonceau*, par J. de Crolières; Bruxelles, imprimerie de Sorriaux, 50, rue des Fripiers, 1864. Cette brochure n'a pas grande valeur, tant parce qu'elle ne semble être qu'une paraphrase des articles du *Wanderer*, relevée de réminiscences de Law, que parce qu'elle a été démonétisée, et huée lorsque M. Langrand eut livré à la publicité certaines lettres du susdit éditeur. Il s'agissait de faire acheter, par le célèbre et riche financier, toute l'édition, au prix de vente ordinaire. Le malheureux paya pour l'immoralité de tous ceux qui avaient, plus habilement que lui, fait la réclame quand même des institutions de M. Langrand-Dumonceau.

ce portefeuille se compose, peut-être, d'actions des autres sociétés de M. Langrand-Dumonceau, qui donnent également 20 p. c. au minimum ; mais ce serait là un cercle vicieux, et qui aboutirait à spéculer sur des valeurs au lieu de se livrer aux achats et reventes de domaines.

Le portefeuille de l'Industriel n'est pas plus longuement détaillé que ses ventes d'immeubles. Dans le premier rapport sur l'exercice clos, le 31 août 1864, l'on se contentait de dire que le chiffre de fr. 41,322,518, provenait, en majeure partie, du stock des actions de l'International, mais qu'au 20 décembre, même année, ce chapitre était réduit de moitié et que tous les efforts de la société tendraient à l'amoindrir encore. C'est là tout ce que les actionnaires ont pu connaître sur ce premier portefeuille de plus de 41 millions. Le portefeuille de la seconde année, en y comprenant les valeurs diverses et les annuités à céder, atteignait cependant encore, au 31 août 1865, fr. 35,038,257, dont 32,780,860 pour le portefeuille proprement dit. On voit que la société n'avait pas tenu sa promesse de diminuer le précédent portefeuille, réduit déjà à 20 millions, à la fin de décembre 1864.

Quelles valeurs ou quels titres représentaient ces 32 à 35 millions? Un actionnaire a fait cette demande, à l'assemblée du 28 décembre, et on lui a refusé, ainsi qu'on le verra plus loin, toute espèce d'explications. D'après une indiscrétion du rapport du conseil de surveillance, l'on aurait appliqué immédiatement les capitaux provenant de la vente des immeubles, en actions de la société foncière allemande, dont l'existence nous est connue incidemment dans les rapports et prospectus de M. Langrand. Quelle somme a-t-on remployé ainsi, car les immeubles invendus, à l'ouverture du second exercice, s'élevaient à 30 millions de fr., d'après le prix d'achat, sans crue ou augmentation, plus-value quelconque, et l'on sait que l'Industriel revend avec au moins 20 p. c. de bénéfices? On le saura plus tard ; ne soyons pas si curieux.

Les *Magasins Réunis*. Le rapport présenté, le 28 décembre dernier, veut bien nous dire, ensuite, qu'il y avait, au 31 août 1865, 12,000 actions de la société française à responsabilité limitée, les *Magasins Réunis*. Très-probablement que nous n'aurions jamais connu ce détail, en décembre 1865, pas plus que les actionnaires de l'International ne l'avaient su, le 14 septembre, même année, bien qu'ils y fussent intéressés, pas plus que ceux de l'Industriel n'en avaient même été informés, le 20 décembre 1864, quoique la société des Magasins Réunis, dans laquelle ils étaient participants pour 16,000 actions, fût constituée dès le 30 juillet 1864, c'est-à-dire un mois avant la clôture du bilan qu'on leur présentait, très probablement, disons-nous, que l'administration n'aurait jamais soufflé mot de cette belle affaire et aurait cherché à la passer discrétement par compte de profits et pertes. Mais comme la justice avait été saisie de l'affaire et que le *Moniteur universel de France* sert d'organe aux déclarations de faillite et aux transactions judiciaires, il n'était plus possible de celer le fait aux actionnaires. Nous sommes arrivés à l'un des épisodes les plus curieux de l'épopée financière, déjà passablement héroï-comique du groupe Langrand-Dumonceau et Ce. Nous demandons de pouvoir nous y arrêter quelques instants; ce sera divertissant (1).

Le 30 juillet 1864, quelques mois après la fondation

(1) Voir sur ce sujet une brochure qui a produit une vive sensation et qui est intitulée : *Cent millions de lettres de gage et les Magasins Réunis*, 2e lettre à M. Langrand-Dumonceau, sur ses opérations financières. Bruxelles, à la librairie contemporaine, rue Neuve.

de l'International, M. Langrand-Dumonceau prenait
une part importante à la création de la société des
Magasins Réunis, au capital de 20 millions de fr. divisé en 40,000 actions. 16,000 étaient souscrites par
M. A. Langrand-Dumonceau et Ce, société dénommée
Banque de crédit foncier et industriel et par M. André
Lepas, propriétaire à Liége ; 16,000 étaient attribuées
à MM. Alexandre père et Édouard Alexandre fils,
facteurs d'orgues, et les 8,000 actions restantes
étaient prises par divers. Cette société des *Magasins
Réunis pour la vente avec obligations-warrants*, devait
mettre en pratique une théorie économique nouvelle de
MM. Alexandre père et fils. Cette théorie dite l'*Épargne
dans la dépense*, faisant partie de l'apport qu'on paya
à ces industriels, 8 millions de fr., soit 16,000
actions, consistait, à reconstituer, au profit de tout
acheteur des Magasins Réunis, le capital déboursé,
au moyen d'obligations-warrants qu'on lui remettrait
en guise *d'escompte*. Ces obligations-warrants devaient être remboursables en 49 ans, au plus tard,
car, chaque année, il devait en sortir une série par
la voie du sort. Outre son bénéfice, la société espérait
trouver dans l'économie des frais de gestion et dans
l'achat en gros, 25 p. c. sur la vente en détail, lesquels, au moyen de la capitalisation des intérêts,
peuvent reproduire le prix d'achat en moins de 50 ans.
Voilà l'*idée* de M. Alexandre fils. Nos bons voisins
du Midi, avec tout leur esprit, gobèrent l'appât du
facétieux facteur et l'on vit même un grave juriscon-
sulte, M. P. Dalloz, faire la démonstration de ce système
dans les colonnes du non moins grave *Moniteur Universel*. C'est en exécutant d'immenses points d'orgues, du haut des colonnes de la publicité qu'on lança
la théorie *de la richesse par la dépense*.

Cette plaisanterie économique fut prise également

au sérieux par M. Langrand-Dumonceau, en quête de placements pour les lettres de gage du Crédit foncier international, sa dernière création. L'article 8 des statuts des Magasins Réunis stipulait : « Jusqu'au 1er janvier 1877, les sommes, dont il y aurait lieu de faire emploi pour les reconstitutions, pourront être employées jusqu'à concurrence de cent millions de francs, soit en lettres de gage de la société de *Crédit foncier international*, dont le siége est à Bruxelles et à Londres, soit en lettres de gage de la *Banque hypothécaire néerlandaise*, dont le siége est à Amsterdam et à Bruxelles, soit enfin en lettres de gage de toutes autres sociétés qui seraient garanties par la société du *Crédit foncier international*. » Ces lettres de gage devaient rapporter 5 p. c. d'intérêt.

MM. Alexandre étaient heureux de passer à la nouvelle société, pour huit millions de fr., leur idée et leurs magasins d'orgues. M. Langrand-Dumonceau estimait qu'il venait de faire une excellente affaire, en trouvant un débouché pour cent millions au moins de ses lettres de gage, moyennant un apport social de huit millions de fr. C'était la Banque de crédit foncier et industriel que M. Langrand intéressait principalement à la mirifique entreprise des Magasins Réunis — pour 12,000 actions -- quoique ce fût l'International qui dut en tirer le plus de profit et qui prit sans doute le restant des 16,000 actions, à moins que ce ne soit M. Lepas ou bien M. Langrand qui ait gardé ce solde. Tant est-il que le bilan de l'Industriel n'en accuse que 12,000. L'International avait acheté, à Paris, pour 2,975,616 fr., des terrains sur lesquels devaient être élevés les magasins de la nouvelle société, un véritable monument du prix de trois millions de fr. ; la société devait payer un loyer annuel de 450,000 fr. Voici sous quelle forme on a dissimulé

tout ce tripotage, aux actionnaires de l'International,
à la date du 14 septembre 1865 :

« Des négociations dirigées par la Banque de crédit
foncier et industriel nous ont fait espérer de rencontrer, en France, un débouché important de lettres de
gage à longues échéances à émettre à des conditions
avantageuses. C'est dans ce but que nous avons
acquis, à Paris, des terrains destinés à recevoir de
vastes constructions à élever à nos frais ; si nos espérances, quant à une émission spéciale de lettres de
gage, ne se réalisaient pas, la plus-value du terrain
et le loyer à obtenir des constructions, constitue-
raient encore pour la société une opération lucra-
tive. »

Voilà avec quelle franchise on fait connaître aux
actionnaires de l'International, plus d'un mois après
que l'on a intenté un procès à la société des Magasins Réunis, dont on demande la dissolution, cette
pitoyable affaire. Décidément, nous ne reconnaissons
point là celui qui écrivait dans les *Notions pratiques* :
« L'on s'étonnera peut-être et l'on trouvera étrange
que m'écartant de la réserve, souvent employée en
affaires, j'appelle pour les miennes, la publicité.
Pourquoi ne l'aurai-je pas fait? Je n'ai rien à cacher
et je cherche à mériter de plus en plus les sympathies
de ce grand et noble jury que l'*opinion publique* constitue en Europe. » Ces paroles ont donc reçu un
démenti par l'affaire des Magasins Réunis, et il n'est
pas exact de dire que les sociétés de M. Langrand-
Dumonceau n'aient rien à cacher ; car nous venons de
le voir, le chapitre tout entier du portefeuille comme
celui des immeubles de ce bilan, en sont une preuve
flagrante. Il y a donc un peu de forfanterie dans la
déclaration des *Notions* et même une sorte d'hypo-
crisie à se déclarer amant de la publicité et d'en user

largement, tant qu'il s'agit d'attirer les actionnaires, mais à s'en montrer l'adversaire quand il s'agit de faire connaître, à ces derniers, l'état de leurs affaires. Mais revenons aux Magasins Réunis.

Le 12 août 1865, MM. André Lepas et A. Langrand-Dumonceau et Cie assignèrent leurs associés des Magasins Réunis, au tribunal de commerce de la Seine pour voir déclarer, comme s'exprime l'exploit d'huissier, rédigé par ces messieurs, non régulièrement constituée, nulle, et de nul effet, la société à responsabilité limitée, dénommée *Magasins Réunis*..... et voir nommer un liquidateur judiciaire avec tels pouvoirs que de droit... » MM. André Lepas et A. Langrand-Dumonceau appuyaient leur demande sur ce que la société a été formée en dehors des prescriptions de la loi du 23 mai 1863, à défaut des publications légales, et encore à raison du but qu'elle poursuit et qui est contraire à l'orde public. Voici, en peu de mots, les faits dont les requérants arguaient.

L'art. 6 des statuts de la société portait que l'administration ne pouvait « jamais porter atteinte aux droits conférés à des adhérents originaires par les traités qui seront conclus avec eux, par M. Edouard Alexandre, jusqu'à la souscription de la totalité du capital social, lesquels font partie de l'apport fait à la société par M. Alexandre et ont aussi force statutaire. » Or, M. Edouard Alexandre avait usé largement de ces pouvoirs, en autorisant seize des adhérents originaires à verser le montant de leurs actions en nature, de la manière suivante :

1° M. Mendes, souscripteur de 800 actions, pour *pianos;*

2° M. Lion. Pour *paillerie, bijouterie,* souscripteur de 200 actions;

3° Mme la comtesse de Neully, souscripteur de 1,060

actions. Pour *soieries, laines, tissus fantaisie, cache-mires des Indes, voitures, tailleurs, horlogerie, quain-caillerie*;

4° M. May, souscripteur de 150 actions. Pour *che-mises*;

5° M. Vittershein, souscripteur de 150 actions. Pour *imprimerie-chocolat*;

6° M. Benard, souscripteur de 960 actions, pour *toiles, confection pour hommes et garçons, spécialité pour deuil, imitation, bijoux, chapellerie, porcelaines et cristaux, jouets d'enfants, éventails, parapluies et cannes, crinolines et corsets*;

7° M. Formain, souscripteur de 100 actions, pour *nécessaires*;

8° M. Carvalho, souscripteur de 50 actions, pour *armes*;

9° M. Navet, souscripteur de 1,800 actions, pour *vins et liquides, bronzes, fourrures, étoffes d'ameuble-ment, meubles, confections pour dames et fillettes, four-nitures pour photographies et pour photographes*;

10° M. Mayer-Bray, souscripteur de 100 actions, pour *literies, parfumeries*;

11° MM. Huet, Ingelbach et Ce, souscripteurs de 100 actions, pour *orfèvrerie-imitation*;

12° M. Ollier, souscripteur de 25 actions, pour *assurances*;

13° M. le comte de la Porte, souscripteur de 50 ac-tions, pour *bonbons, fumesterie, tableaux papiers-peints, optique*;

14° M. Ferry, souscripteur de 50 actions, pour *instruments de musique*;

15° M. Sanson, souscripteur de 400 actions, pour *papeterie, lingeries et trousseaux, sellerie, harnache-ments, miroiterie, parfumerie, bandages*;

16° M. Maillet, souscripteur de 100 actions. Pour *les machines à coudre, mercerie et tapisserie.*

En agissant ainsi M. Ed. Alexandre montrait de la prévoyance, puisqu'il voulait garnir, de ces objets variés, les rayons et magasins de la nouvelle société, sorte de bazar ou de caravansérail. Où était le grand mal? Restait la question d'évaluation des apports qui n'était après tout qu'une affaire d'expertise. La loi du 23 mai 1863, prescrivait, sous peine de nullité, de faire approuver les apports des seize associés précités, par une assemblée générale où les auteurs des apports ne devaient pas avoir voix délibérative. Et il paraît que cette dernière clause a été violée. M. Alexandre avait fait admettre, en outre, par l'assemblée des actionnaires, le remboursement des obligations-warrants par tirages au sort, parce que la perspective d'attendre 50 ans avant de toucher son capital reconstitué, ne devait pas sourire, au tant, au public acheteur, que s'il avait la chance d'être remboursé plus tôt. Cette modification devait profiter à la société. Mais M. Langrand était désillusionné et ne croyait plus à la belle théorie de MM. Alexandre depuis qu'il avait pu apprécier la valeur des apports de ses coassociés. C'est alors qu'il invoqua la loi du 4 mai 1836 sur la loterie dont les Magasins Réunis voulaient faire usage sans en avoir obtenu une autorisation spéciale. Et lui, auteur de la société, il en demanda l'annulation et il dénonça ses associés, dans l'intérêt de la morale publique, les exposant peut-être à des poursuites correctionnelles. C'était dur.

Les choses en étaient là, à la date du 14 septembre 1865, lorsque l'assemblée des actionnaires de l'International, auxquels on ne dit mot de l'affaire, se tint à Londres. Depuis, l'on négocia une transaction entre parties, et le 28 novembre dernier, elle était signée par l'administration de la société les Magasins Réunis d'une part, et M. André Lepas, d'autre part ; quant à M. Langrand-Dumonceau, il n'en est pas fait mention dans l'acte de transaction, publié au *Moniteur universel*, en date du 7 décembre 1865, quoiqu'il fût l'un des requérants de l'exploit introductif d'instance, du 12 août 1865. Probablement qu'il n'était qu'un cessionnaire de M. A. Lepas, chargé d'abord, de faire cette belle équipée des Magasins Réunis, au nom de M. Langrand.

Par suite de la retraite de M. A. Lepas, souscripteur originaire, dit la transaction, de seize mille actions, le capital social a été réduit de 20 à 12 millions de fr. A la délibération étaient présents M. A. Lepas et le banquier de la société, et il a été déclaré, en sus de la retraite de M. A. Lepas, qu'il n'y avait pas lieu de revenir ni sur l'évaluation de l'apport des fondateurs (MM. Alexandre), ni sur les avantages stipulés au profit de l'un d'eux, ni sur les traités faits avec les adhérents. L'extrait publié au *Moniteur universel* ne dit pas combien a coûté à M. A. Lepas, nous voulons dire à M. Langrand-Dumonceau traitant au nom de l'Industriel, cette transaction, qui libère cette société de sa participation à celle des Magasins Réunis. Nous le saurons sans doute, au 3ᵉ bilan de l'Industriel, car la transaction se rapporte au 3ᵉ exercice de cette société.

Voilà comment M. Langrand s'est sauvé du pas de clerc qu'il est allé faire à Paris, attiré par l'appât que lui présentait M. Alexandre. La leçon qu'il avait reçue de MM. Pereire, dans l'affaire de la Société générale de commerce et d'industrie d'Amsterdam ne lui avait pas suffi. On n'oublia plus de traiter cette affaire dans le rapport présenté le 28 décembre dernier, aux actionnaires de l'Industriel et de rassurer ces der-

niers en leur disant que la transaction les avait libérés de toute participation aux Magasins Réunis, sans
indiquer toutefois à quel prix. Il était temps d'en parler, depuis que des journaux et des brochures avaient
exposé longuement cette ridicule entreprise.

« Ainsi donc, écrivions-nous dans l'*Écho du Parlement* du 17 octobre 1865, voilà les princes allemands,
le prince de Tour et Taxis, qui a acheté, dernièrement,
22,500 actions de l'International et tous les nobles
alliés de M. Langrand-Dumonceau, devenus commanditaires d'un vaste bazar où l'on débitera, en concurrence avec les fripiers et marchands de bric à
brac, toutes sortes de vieux soldes, des *rossignols* de
magasin ! Cela est-il possible ! Et que vont dire et le
Pape, dont M. Langrand-Dumonceau a fait le dernier
emprunt et qui a récompensé ce dernier en le créant
comte romain (1), et le clergé et les ordres religieux
qui lui prêtèrent leur concours dans la souscription
de l'emprunt pontifical. »

L'épisode que nous venons de décrire est caracté-
ristique ; il classe les financiers qui en sont les héros
et explique leur isolement sur le terrain des affaires
de crédit. Reprenons l'étude du portefeuille, délivré,
maintenant, des 12,000 actions des Magasins Réunis.
Après les actions de la Fédération foncière allemande, et celles des Magasins Réunis, qu'y avait-il
encore dans le portefeuille de l'Industriel, au 31 août
1865? Un actionnaire a été assez osé pour le demander, à l'assemblée générale du 28 décembre. On lui a

---

(1) Puisque l'on continue, en ce siècle démocratique et égalitaire,
à distinguer le mérite par des titres honorifiques d'un autre âge, il
ne doit pas paraître plus étrange qu'un financier s'en coiffe que
tout autre. Nous ne savons pas pourquoi Balzac n'accorde au financier de bon sens que le titre de baron et lui interdise surtout
d'aller chercher un titre de comte à Rome.

répondu qu'il serait dangereux d'en faire connaître
le contenu, parce que ce serait favoriser l'agiotage.
Et les actionnaires que l'on traitait ainsi comme les
saints du jour, le 28 décembre, fête des saints Innocents, se sont contentés de cette haute naïveté administrative. Comment! c'est exposer à l'agiotage que
de dire aux actionnaires d'une société, fondée principalement pour faire des opérations foncières, pour
quels motifs, on avait distrait 32 millions de ses ressources pour les placer en valeurs, et quelles étaient
ces valeurs ? Est-ce que les autres établissements
financiers, la Société générale, la Banque de Belgique, la Mutualité, les Actions Réunies excitent à
l'agiotage en détaillant leur portefeuille aux actionnaires? En vérité, c'est trop de prévoyance et de
bonté de ne pas exposer les actionnaires et le public
aux périls de l'agiotage. Mais vous, messieurs, qui
restez détenteurs du secret, qui donc vous défendra
contre ces périls?

Les valeurs du portefeuille sont évaluées au bilan
au cours de la bourse du 31 août. Par un concours
de différents faits, sans doute fortuit, l'on était parvenu, à cette date, à relever le taux de ces valeurs,
en annonçant l'achat par le prince de Tour et Taxis
de 22,500 actions de l'International, et la constitution
de cette Fédération foncière allemande, composée des
plus grands propriétaires de l'Allemagne. On ne dit
pas si le prince a payé en écus ces actions de l'International, ou autrement, et si cet achat ne serait pas
peut-être un simple échange de papier, lequel serait
venu prendre place à côté des actions de la Fédération allemande, des Magasins Réunis et peut-être
d'un petit stock de l'International.

Dans les circulaires de juillet et de la fin du mois
d'août 1865, M. Langrand-Dumonceau exhorte vive-

ment les détenteurs des actions de l'Industriel et de ses autres sociétés, à garder ces titres, disant : « J'ai la conviction que l'on peut sans témérité prédire à nos valeurs un niveau qui les placerait au même rang que celles de pays voisins, où les actions de grands établissements fonciers (le Crédit foncier de France) ont atteint une valeur triple de leur émission primitive. » Il prémunit aussi ses actionnaires contre les réalisations « des spéculations totalement étrangères à nos opérations foncières elles-mêmes et des hostilités dont vous connaissez le caractère et qui ont exploité ces spéculations, ont porté des atteintes momentanées à nos valeurs; mais leur inébranlable fermeté n'en existe pas moins et les faits, les résultats définitifs ne peuvent manquer de leur faire reprendre leur niveau normal. »

Dans sa circulaire de fin août 1865, M. Langrand est encore plus pressant en promettant de grands avantages à ses actionnaires par suite de la création de la Fédération foncière allemande et de la Banque agricole. « Par leur importance, ils satisferont largement les actionnaires de toutes les sociétés foncières créées sur mon initiative, *quel que soit le prix auquel ils ont acheté leurs actions.* » Avouons qu'il aurait fallu être un double sceptique pour vendre, après de telles promesses. Et ce sont ces petits moyens, ces *ficelles* qui ont contribué à maintenir le cours des actions du portefeuille de l'Industriel, au 31 août 1865.

Il n'y a que dans les sociétés de M. Langrand-Dumonceau où l'on emploie de pareils moyens. Nous avons en mains une circulaire du même financier, en date du 9 avril 1864, aux actionnaires de l'Industriel et de l'International, qui témoigne vraiment de trop de sollicitude. « Ayant appris, dit M. Langrand-Dumonceau, que beaucoup d'entre-vous sont en ce moment l'objet de sollicitations diverses, qui tendent à provoquer la vente des actions émanant de nos établissements et sachant qu'on offre à cet effet l'appât de la prime, nous croyons qu'il est de notre devoir de sauvegarder vos intérêts, en vous mettant à même d'agir en parfaite connaissance de cause. Comme vous le savez, la confiance qu'inspire une institution financière résulte avant tout de l'intelligence complète que ses actionnaires peuvent avoir de son but et des moyens qu'elle emploie pour y atteindre. » Et nous ajouterons, nous, que cette confiance acquise dans les prospectus et exposés, se maintient, par « l'intelligence complète que les actionnaires peuvent avoir » des opérations sociales, par un bilan bien franc. bien clair, et qu'elle se perd irrémédiablement quand l'on a commencé par des circulaires et publications très-explicites, pour finir par des rapports de bilan muets ou n'apprenant presque rien sur la marche de la société.

Le premier bilan, au chapitre *Créditeurs en compte courant*, s'élevant au chiffre de 53,220,773 fr., nous faisait connaître l'origine de ce compte ; le laconique, rapport de 1864-1865, se contente de dire que ce chapitre se trouve réduit à fr. 29,519,009-79. — Quoique le rapport, sur le premier exercice 1863-1864, eût déclaré : « Nous sommes donc en droit de compter de ce chef sur une diminution *notable* des *frais généraux* pour l'exercice prochain, » nous avons, en 1864-1865, fr. 381,350 au lieu de fr. 180,990, pour le premier exercice. — La société avait créé, la première année, des *obligations* 5 p. c. pour une somme de fr. 4,832,300; elle n'en a émis, en 1864-1865, que pour fr. 658,800.

§ IV. — *Les bénéfices.*

Laissons ces détails pour nous occuper des bénéfices. En suite de différentes circulaires des 6 janvier, 31 mars et surtout du 24 juin 1864, les actionnaires s'attendaient, dès la première année, à un
dividende exceptionnel, excédant le minimum promis, assuré, c'est-à-dire 20 p. c. La dernière circulaire
était tellement explicite à ce sujet que l'on devait
s'attendre à quelque chose comme 50 p. c. au moins ;
écoutons plutôt : « D'après les rapports qui nous ont été
transmis, disait M. Langrand-Dumonceau, l'ensemble
de ces domaines sera revendu avant la fin de l'année
courante et donnera, après déduction de tous les frais
et de la prime d'assurances à payer à la Vindobona,
un bénéfice net de 20 millions de fr. au moins, à
répartir dans la proportion de 1/3 entre les actionnaires de la Banque de crédit foncier et industriel et
de 2/3 entre ceux du Crédit foncier international. —
Et, avant la fin de l'année, nous aurons l'honneur de
vous faire connaître le prix des *nouveaux* domaines
que nous aurons achetés, ainsi que les bénéfices que
leur revente nous a produits. »
Et de tout cela il devait résulter 20 p. c. de bénéfices, le minimum admis par M. Langrand - Dumonceau, pour les opérations foncières à traiter en
Autriche. Mais au moins ce bénéfice fut touché, la
première année, tandis que pour le second exercice,
donnant également 20 p. c. l'administration a trouvé
bon de n'en distribuer que la moitié, retenant l'autre
moitié tout entière pour en faire un fonds de réserve. Pourquoi porter, la seconde année, d'un coup,
fr. 2,573,670-36 à la réserve, tandis que, la première
année, on s'était contenté de fr. 102,454-64 ? Il eût été

bien plus naturel de faire une forte réserve quand, en 1864, la société avait sur les bras pour 30 millions d'immeubles que lorsqu'elle n'en avait plus que pour fr. 1,487,662. Cette mesure est-elle prise en vue d'éventualités fâcheuses pressenties par l'administration? autrement on ne s'expliquerait pas une réserve aussi monstrueuse. *La Vérité sur les institutions foncières* nous dit que « M. Langrand-Dumonceau a pris, *depuis un an*, la sage résolution de retenir une partie du bénéfice pour former une forte réserve, afin d'assurer la solidité de l'institution et de garantir à ses actionnaires un revenu certain et régulier, complétement indépendant des crises de toute nature qui pourraient éventuellement atteindre l'un ou l'autre des exercices annuels. » Mais cela est-il sérieux alors que, un peu plus loin, page 18, on nous dit que le but de la Banque de crédit foncier et industriel est atteint, que sa mission est accomplie et que sa liquidation pourra avoir lieu sans qu'aucun intérêt en souffre. N'est-ce pas plutôt dans l'intention de ménager une liquidation ou transformation favorable que l'on a fait une si forte réserve, la seconde année? Et puis, aussi, on a pu employer cette réserve à acheter des actions de l'International, retombées au-dessous du pair, ou d'autres sociétés fédérées, en attendant les événements.

La question de la liquidation de l'Industriel a été posée, à l'assemblée du 28 décembre dernier, en même temps que l'on demandait une part plus forte pour le dividende. Un membre de l'administration a répondu que la liquidation était dans les choses probables, et qu'on chercherait à la rendre le plus favorable possible. Mais ce fut M. Langrand-Dumonceau lui-même qui, malgré sa réserve habituelle dans les assemblées, répondit à l'actionnaire, réclamant un dividende de 15 p. c. au lieu de 10 p. c. pour ne laisser que 5 p. c. à la réserve.

Il refusa net la demande de cet actionnaire gourmand et imprévoyant, en faisant même de cette affaire une question de cabinet, c'est-à-dire de sa démission. L'assemblée, stupéfaite à cette déclaration tout à fait imprévue, ne vota pas les conclusions de l'actionnaire, mais elle n'émit plus par acclamation ni autrement, comme le 20 décembre 1864, un vote de confiance et de gratitude envers l'administration.

Il nous a été impossible de savoir sur quelles opérations l'Industriel a fait des bénéfices, la seconde année, par la raison que le compte profits et pertes, au crédit, contient pour tout détail, le chiffre global de fr. 14,172,404-95 en regard de la mention *immeubles et valeurs diverses*. Nous ne savons donc point si, réellement, les opérations foncières, en Autriche, ont donné des profits ou si ces derniers n'ont pas été obtenus par des opérations de bourse, à la façon du Crédit mobilier de France. Il eût été intéressant de savoir la part du portefeuille dans l'acquisition des bénéfices, et aussi, la part des primes ; si, comme dans le premier bilan, le dividende n'avait pas été obtenu, par les *bénéfices réalisés sur achat et vente de valeurs diverses,* ce qui, en langage ordinaire, veut dire spéculations de bourse. On n'a jamais accusé, jusqu'à ce jour, le produit des primes encaissées au moyen de l'emprunt romain, fait (1) en 1864. C'était au profit

(1) Voir sur cet emprunt les articles insérés dans notre *Annuaire financier de la Belgique*, p. 246 à 258. Cet emprunt, fixé à 50 millions de fr., n'a été couvert que pour la moitié, quoique l'on eût fait jouer des ressorts que ne possèdent pas les financiers ordinaires. Non-seulement les journaux catholiques, mais les curés et les religieux prêchèrent cet emprunt à la façon des prédicateurs des croisades d'autrefois. L'enthousiasme, pour ne pas nous servir d'un autre mot, fut tel que l'on vit des fidèles réaliser le précédent emprunt romain, au

de l'Industriel que l'on plaçait des actions de l'International, données aux souscripteurs de cet emprunt, au taux de 550 fr. par faveur, ne leur faisant payer qu'une prime de 50 fr. alors que cette valeur, dont le portefeuille de l'Industriel était rempli, en faisait une

cours de 71 pour prendre du nouvel emprunt au pair ! « Si l'on veut un jour *illustrer* ce singulier emprunt, disions-nous, en juillet 1864, dans le bulletin financier de l'*Echo du Parlement*, l'on devra représenter les agents chargés de le négocier, non pas un carnet ou portefeuille de banquier à la main, mais bien une sébile de marguillier. Le journal *La Finance*, qui s'était fait le Pierre l'ermite de cette croisade financière, a aujourd'hui pour punition l'avantage de publier, chaque semaine, le cours de ce triste emprunt de l'État pontifical, qui est naturellement tombé au même taux de 70 à 74 des précédents emprunts romains.

Du reste, le Saint Père, instruit par cette leçon et se trouvant de nouveau dans le besoin, par suite surtout de la non-réussite de l'emprunt négocié par M. Langrand-Dumonceau, aurait chargé la maison Erlanger, de Francfort et de Paris, ou la maison Laffitte, d'émettre un nouvel emprunt de 50 ou de 75 millions de fr. Le nonce apostolique n'apportera pas, cette fois, de brefs et d'autres immunités spirituelles comme renfort aux négociateurs de cette entreprise. Du reste, le pape est plus tolérant que certains journaux et certains prédicateurs catholiques ne nous le représentent, car il s'accommode parfaitement d'un banquier juif — en dépit de l'affaire Mortara — et même de soldats ayant la livrée de Mahomet, depuis qu'il a pris des zouaves. Nous ne sommes plus aux temps de l'empereur Frédéric Barberousse.

Quoique les meilleurs emprunts du pape aient été conclus par des juifs, il paraît qu'au dernier moment, on a voulu faire de l'économie financière tout à fait catholique. Une *Caisse des fonds d'États* au capital de 30 millions de francs avec privilège pontifical, a été autorisée par décret de SS. le pape Pie IX, en date du 15 novembre 1865. Le but de la nouvelle institution est de créer un fonds de garantie qui permettra d'émettre dans toute la catholicité des obligations au chiffre maximum de 600 millions de francs. Les 30 millions de capital de la *Caisse des fonds d'États* seront placés en rentes romaines, et le produit des obligations en rentes d'autres États, sauf un dixième encore en fonds de l'État pontifical.

Ces obligations à petites coupures et à faible intérêt seront remde 70 fr. N'est-on pas vraiment fondé à se plaindre du laconisme des bilans des sociétés de M. Langrand-Dumonceau, dont les prospectus sont cependant si verbeux ?

boursées avec des primes considérables. On comprend que le bénéfice des actionnaires consistera dans l'écart entre l'intérêt et amortissement des obligations et le produit du montant de ces mêmes obligations. La *Caisse des fonds d'États* mettra à la disposition du gouvernement pontifical des sommes qui suffiront à tous les besoins du moment, lui assurera un revenu annuel de 6 millions de francs, et pourra même éteindre complétement sa dette.

Voilà la conception financière de la *Caisse des fonds d'États*, conception fondée sur la loterie et la spéculation de bourse. Elle est sous le patronage du prince C. Aldobrandini Borghèse, comte Antonelli, MM. Guarini et Mincio, à Rome, duc de Cazes, comtes A. Lemercier et de Vuillefroy, vicomte de Melun, et MM. Kolb-Bernard et Berlé, à Paris; MM. P. de Haulleville, L. Vercken-Pastor et Max. de Neckere de la *Banque de Crédit commercial* d'Anvers.

Au moment de mettre sous presse, nous lisons dans le *Moniteur universel* que M. de Vuillefroy, sénateur, est complétement étranger à la formation de cette société, dont il ignore également le but et l'organisation. Mais ce démenti n'est pas la seule tribulation qui attend la nouvelle institution financière catholique, vivement attaquée par la presse la plus orthodoxe et par le parti le plus influent dans l'Église. Il n'en fallait pas tant pour couler net à son origine, la *Caisse des fonds d'États*, qui n'était, du reste, qu'une nouvelle édition de la *Banque des États* de Mirès, laquelle n'eut également d'existence que sur ses prospectus. Décidément le pape est mal livré depuis qu'il s'en est remis aux soins de nos novateurs financiers.

CHAPITRE IV.

La lettre de gage des sociétés Langrand-Dumonceau.

C'est par les capitaux, provenant du placement des lettres de gage de l'International et de ses autres sociétés foncières et hypothécaires, bien plus que par le capital même de ces dernières, que M. Langrand-Dumonceau s'est proposé de réaliser ses plans financiers, la restauration économique et financière de l'Autriche. « Pour pouvoir se faire, dans de bonnes conditions, dit-il, dans les *Notions pratiques*, l'achat et la revente des propriétés exigent une organisation multiple : organisation pour préparer l'achat et la revente; *organisation pour placer des lettres de gage sur une vaste échelle, afin de pouvoir, au moyen de l'émission de ces lettres de gage,* RENOUVELER SANS CESSE LE CAPITAL *en se le procurant dans les pays où il se présente à bon marché.* » Plus loin il repète que les banques locales renouvelleront sans cesse par le placement des lettres de gage, le capital du

Crédit foncier international, dont elles sont les affluents naturels.

Il s'agissait de placer, chaque année, pour plus de cent millions de fr. de lettres de gage, comme cela résulte encore des *Notions pratiques*, p. 34, en note (1). « Ayant tous les marchés de l'Europe à sa disposition et pouvant, au moyen de sa forte organisation et de ses banques hypothécaires locales, faire des émissions avantageuses de lettres de gage, possédant des garanties uniques et donnant un intérêt plus élevé que les valeurs concurrentes, le Crédit foncier international ne peut manquer de placer des lettres de gage pour des sommes considérables.

» Le Crédit foncier de France, qui n'exerce qu'en France et avec un intérêt moindre que le Crédit foncier international, place annuellement pour environ *cent millions* de lettres de gage remboursables en 50 ans. »

D'après les plans que l'on s'était formés, le capital de l'International et des autres sociétés devait bien moins servir de capital roulant que de garantie. « Faisons remarquer enfin, dit un *Exposé des opérations du Crédit foncier international*, p. 14, que le Crédit foncier international, moyennant la somme entière de son capital émis, couvre, de sa garantie générale, le capital de chacune de ces sociétés : c'est l'institution mère protégeant les institutions auxquelles elle a donné naissance et les faisant participer à sa puissante vitalité. » *La Vérité sur les institutions foncières* de M. Langrand-Dumonceau, qui vient de paraître, répète encore que « c'est au moyen des lettres de gage que ces institutions doivent fonctionner et

(1) *Ces Notions pratiques* sont le manifeste véritable des institutions foncières de M. Langrand-Dumonceau. Elles traitent surtout de l'International, la base et le pivot de ces institutions.

que leur capital n'est au fond qu'un capital de roulement et de garantie. » Or, comme le capital des sociétés de M. Langrand Dumonceau s'élève à près de 800 millions de fr., capital nominal, dont les trois quarts environ sont souscrits et le quart, versé, l'on conviendra que ce serait déjà une jolie garantie si les choses se passaient suivant les prospectus. Mais nous avons vu combien il avait fallu rabattre, dans la pratique, de ce placement de *cent millions de lettres de gage*, au moins par an. Et loin de servir simplement de garantie, le capital des sociétés sert bel et bien de fonds de roulement, sert aux opérations au lieu des capitaux absents des lettres de gage. C'est même pour masquer l'insuccès du placement des lettres de gage qu'il a fallu avoir recours à tant de créations successives : l'Industriel, l'International, la Banque générale, l'Agricole, et puis bientôt encore quelque nouvelle combinaison de la *Fédération foncière allemande*. Le placement des lettres de gage de l'International a fait *fiasco* dans notre pays et encore plus en Angleterre, où l'on s'était flatté cependant de leur trouver un vaste débouché. Les moyens mis en œuvre pour réussir n'ont pas manqué cependant ; l'on a donné aux courtiers et agents d'affaires une prime plus forte que celle des caisses hypothécaires anciennes ; on a stylé, au placement de ces titres, les curés des campagnes (1) en leur accordant la même commission qu'aux agents.

Examinons la valeur de la lettre de gage des sociétés

---

(1) Dans certains cantons flamands, les prêtres ont fait, pendant quelque temps, une ample moisson de commissions. Un paysan avait-il vendu un lopin de terre, une tête de bétail, vite le courtier en soutane était là pour placer les bien-heureuses lettres de gage. Aujourd'hui, les paysans se font tirer l'oreille ou, envoient net leurs pasteurs..... à la cure.

Langrand-Dumonceau. S'il fallait en croire les publications faites au nom ou sous les auspices de ce financier, ses lettres de gage devaient élever le crédit privé de la propriété immobilière, à la hauteur du crédit de l'État. La lettre de gage du Crédit foncier international était le *vrai type du titre hypothécaire, c'était la valeur la plus solide que le capitaliste pût se procurer*. C'était, d'après l'auteur de la LETTRE DE GAGE OU OBLIGATION FONCIÈRE, « *des bonniers de terre mobilisés, des grosses hypothécaires au porteur*, pourvues de coupons d'intérêts semestriels, rigoureusement payables à leurs échéances respectives ; » c'était de plus « des valeurs moralisatrices, et quand elles seront mieux connues, elles deviendront l'emploi le plus parfait de l'épargne. » Encore une fois qu'est-ce que ces lettres de gage ? Voici.

La lettre de gage des sociétés Langrand-Dumonceau n'est plus la rudimentaire *pfand-briefe* des associations de propriétaires, fondées en Prusse, en Pologne et dans d'autres contrées germaniques, d'après la conception de Buhring. Ce n'est non plus la lettre de gage de nos caisses hypothécaires, assise prosaïquement sur les champs qui entourent nos villes, sur les propriétés bâties qui sont sous nos yeux et que l'on crée par séries correspondant symétriquement, rigoureusement aux prêts hypothécaires de ces modestes caisses. Les sociétés foncières de M. Langrand ont étendu le champ de la lettre de gage et les ont fait passer par une double ou triple filière qui les épure et leur ôte tout ce que l'élément terrestre pourrait avoir de grossier, pour en faire des titres *sui generis* : nous nous expliquons.

Lorsque la Banque de crédit foncier et industriel, qui est la grande agence immobilière des achats et reventes de domaines en Autriche ou ailleurs, les seules opérations que consentent à faire les sociétés foncières de M. Langrand-Dumonceau, lorsque cette Banque a revendu un domaine et pris une double hypothèque pour sûreté de son prix de vente, d'abord sur le bien revendu par elle et puis sur un bien propre de l'acheteur, quand elle a l'engagement solidaire de tout le groupe de paysans acheteurs et, par-dessus tout la garantie suprême de la Vindobona, voici ce qu'elle fait : Elle va trouver sa sœur, son associée, la société de Crédit foncier international, et elle lui propose la cession des annuités que les paysans acquéreurs doivent lui payer pendant 10, 20 ou 40 ans, pour éteindre la créance que la Banque a sur eux du chef de la vente. Si l'Industriel ne cède à l'International que des annuités sans la créance hypothécaire elle-même, alors ce dernier doit nécessairement recourir à l'Industriel, resté titulaire du titre hypothécaire, au cas où le paysan ne voulût pas payer. Si l'International acquiert réellement la créance hypothécaire, alors il a une action directe contre les paysans ou plutôt sur leurs biens, grevés par cette créance.

On comprend que l'International ne peut créer sérieusement des lettres de gage s'il n'est pas en possession de la créance hypothécaire même ; car sans cela il ne pourrait pas dire que ses lettres de gage sont la contre-partie fractionnée de ses prêts hypothécaires suivant les principes du crédit foncier. C'est parce qu'une banque hypothécaire a inscrit dans son portefeuille une créance, garantie par un champ ou une maison, qu'elle peut émettre, sous le contrôle de divers administrateurs, censeurs, et souvent d'un notaire appelé à donner son *visa*, des lettres de gage ou obligations qui sont sensées garanties par le fond, champ ou maison, hypothéqués à la créance. Voilà la base de la lettre de gage. Évidemment, si l'International n'avait pas eu par une cession, en due forme, par acte notarié et en payant un droit de transcription ou de cession, la propriété de la créance souscrite primitivement par les paysans, acheteurs au profit de l'Industriel, il ne pourrai tpas émettre des lettres de gage. Nous admettons donc que les annuités achetées par l'International soient les créances hypothécaires mêmes. Nous ferons toutefois remarquer qu'il eût été bien plus simple et plus économique que l'Industriel gardât ces créances en portefeuille et émît lui-même des lettres de gage, parce qu'il n'aurait pas fallu payer de droit de cession, il n'aurait pas fallu un double personnel, des frais généraux doubles. Pour cela l'Industriel n'avait, ainsi que nous l'avons déjà dit, qu'à se constituer sur des bases plus larges, avec un capital double, triple ou davantage. Aussi, nous ne serions point étonné de voir, un de ces jours, la fusion de ces deux institutions, l'Industriel et l'International.

Nous disons que la créance hypothécaire, prise sur le bien revendu en Autriche, répond, par les soins, la vigilance et la bonne foi des administrateurs de l'International ou de l'Industriel, dans l'hypothèse que la créance même n'aurait pas été cédée mais seulement les annuités, du payement de la lettre de gage. Qu'est-ce que cette hypothèque en Autriche, en Hongrie, en Styrie ou bien encore à Paris, à Madrid, à Toulouse, dans tous les lieux où opère l'Industriel? D'après l'auteur des *Considérations économiques et financières sur les ressources de l'empire d'Autriche*, le régime hypothécaire de l'Autriche est le plus parfait de l'Europe. Il relève entre autres avantages la *prénotation* et la *sécurité monétaire*; le premier, c'est la faculté d'inscription pour un emprunt futur, mais qui n'est valable que pendant soixante jours; le second est le droit dont on jouit en Autriche de stipuler, dans un contrat de prêt, que le remboursement sera fait en une monnaie particulière ou en espèces sonnantes. Nous avouons que les avantages de la *prénotation* nous paraissent médiocres et en tout cas, peu justifiables. Quant à la *sécurité monétaire*, dont on veut faire tant de bruit, c'est tout bonnement le droit commun, parmi nous. Le régime hypothécaire de l'Autriche vaut bien le nôtre ; soit.

Ce que les capitalistes vous demandent pour des créances, des gages situés en Autriche, c'est de savoir si ces créances se solderont couramment bien plutôt que de savoir si la procédure d'expropriation est expéditive, c'est de savoir si l'on obtiendra, sur vente de justice, le prix auquel vous avez évalué l'immeuble lors de la revente d'un domaine par parcelles. D'abord, l'on revend avec au moins 20 p. c. de hausse sur le prix d'achat et quelquefois, 50 ou 100 p. c. Or, l'on a vu par les articles du *Wanderer*, qui n'ont été nullement démentis par M. Arntz ni personne, que M. Langrand payait toujours un tiers ou un quart plus cher, les immeubles, qu'on n'avait pu les vendre à d'autres qu'à lui. Est-ce que les paysans acquéreurs feront réellement des profits tels qu'ils soient à même de solder des annuités calculées sur le pied de 8 p. c., de solder un prix double à peu près de ce que l'immeuble n'était évalué par les gens du pays? Il faut voir jusqu'à quel point les populations de l'Auriche souffrent de la crise monétaire permanente qui afflige leur pays! Dernièrement, en novembre 1865, le nouveau journal allemand de Francfort, citant un journal autrichien, rapportait, qu'en Styrie, l'une des provinces de l'empire d'Autriche réputée pour son bien-être, on avait mis en vente publique une métairie évaluée, dans le pays, à plus de

mille florins et qu'on avait trouvé acheteur à........
(nous le donnons en mille, certain qu'on n'osera jamais tomber jusqu'au chiffre du plus offrant) ...... *cinq florins!* Je dis cinq florins, répéta le journal. La Hongrie doit au Trésor de l'Empire quelque vingt millions de florins de contributions arriérées; et loin de songer à rentrer maintenant dans ces arriérés, le gouvernement a dû faire un emprunt de même valeur environ, pour venir en aide aux populations hongroises éprouvées par des calamités. Et de tels débiteurs feront honneur aux engagements contractés vis-à-vis de M. Langrand, alors qu'ils ne comptent qu'au budget des non-valeurs de l'État (1)!

Franchement, si nous étions détenteur de lettres de gage, reposant sur des hypothèques en Hongrie ou en Styrie, nous ne serions nullement tranquille sur le remboursement à l'échéance. Tous les six mois, il y a un changement de décoration, un tableau nouveau

---

(1) Comme il n'est pas possible que dans l'état actuel, les paysans hongrois retirent plus de 5 p. c. de la culture des terres rachetées aux sociétés Langrand, ils ne pourront donc payer pendant quarante ans, des annuités sur le pied de 8 p. c., surtout qu'ils ont dû, au moment du contrat, payer au comptant, les 20 p. c. dont a été surchargé le prix de revente. Que si, au moyen de ressources propres ou d'emprunts, ils parviennent à se libérer de quelques annuités, il est évident que ce sera en s'appauvrissant et, qu'après quelques années, ils ne pourront plus faire honneur à leurs engagements, et que les sociétés Langrand-Dumonceau, l'Industriel ou la Vindobona devront les exproprier. Cette position inégale, impossible du paysan sous-acquéreur a inspiré à un mathématicien, homme de cœur, de rechercher si les contrats de vente réglant le payement par 40 annuités à 8 p. c. n'étaient pas entachés d'usure. Mais les prêts hypothécaires que fait la Banque de Vienne, dans les mêmes conditions, ne peuvent faire admettre les calculs de M. J.-B. Wahl, dans *Une exploitation de l'homme par l'homme* (brochure in-8º de 24 pages, imprimerie d'Eugène Watiau, à Fleurus, 1864.)

ajouté aux scènes précédentes des institutions de
M. Langrand. Et quoi qu'en dise l'auteur de la *Lettre
de gage ou obligation foncière*, nous n'avons pas comme
lui « la conviction que les prêts accomplis à l'étranger
présentent, si possible, plus de garanties encore que
les prêts conclus dans le pays où la Banque a son
siége. » Les opérations des sociétés Langrand-Dumonceau, en Autriche, nous semblent de vraies spéculations, bien moins solides que les opérations de la
Société immobilière de Paris et guère différentes de
celles du Crédit mobilier lui-même. Eh bien, souffrirait-
on que ces sociétés décorassent leurs obligations
du titre de lettres de gage? Ce serait une usurpation.
Le Crédit foncier de France, qui a cependant un peu
dévié du but qu'on lui assignait et qui a fait pousser
plus de monuments que de blé, comme le dit un économiste belge (1), n'a pas de peine à placer des lettres
de gage pour des centaines de millions. Mais aussi
on sait, on voit, où et comment il opère. Il ne donne
pas pour garantie des châteaux en Autriche, des
paysans, riches de terre, mais misérables au delà de
toute expression, en fait de capitaux monétaires. Il
ne présente pas, comme l'Industriel de M. Langrand,
pour répondant ou gage de ses obligations, des terrains à Toulouse, des domaines en Styrie, des Magasins Réunis à Paris ; ce n'est pas sur des soldes, des
rossignols que reposent ses lettres de gage.

Nous ne sommes nullement rassuré ni sur la solvabilité des débiteurs des annuités de l'Industriel,

---

(1) Voir le *Cours d'économie politique* de M. G. de Molinari, l'un
des ouvrages les plus remarquables qui aient été publiés sur cette
science, pendant les dernières années; tome II, p. 342 en note, de la
2e édition. La question du Crédit y est traitée d'une façon neuve et
supérieure à tout ce que l'on trouve, dans les traités, sur cette matière.

ni sur la bonté du gage. Rappelons-nous que les assignats de la république, créés par les décrets du 19 et du 21 décembre 1789, art. 10, « emportaient avec eux, hypothèque, privilége et délégation spéciale, tant sur le revenu que sur le prix desdits biens (Biens Nationaux), de sorte que l'acquéreur qui achètera, des municipalités, aura le droit d'exiger qu'il lui soit légalement prouvé que son payement sert à diminuer les obligations municipales et à éteindre une somme égale d'assignats. A cet effet, les payements seront versés *à la caisse de l'extraordinaire*, qui en donnera son reçu à valoir sur l'obligation de telle ou telle municipalité. » (1) C'était là une bien autre garantie, garantie *spéciale*, que celle que l'on promet vaguement, à une lettre de gage de l'Industriel. Law avait aussi promis des hypothèques, situées le long du Mississipi, aux enthousiastes preneurs de son papier. Or, qu'il arrive un jour d'épreuves, que, fléchissant sous le faix de tant de colossales entreprises, si mal unies entre elles, M. Langrand se trouve forcé d'exécuter les paysans hongrois, le lendemain peut-être d'une guerre civile, comme il en arrive si souvent chez ce peuple, et ses lettres de gage ne vaudront que les assignats de la République ou les actions de Law.

« Pour nous, disait un correspondant de l'*Écho de Liége* du 16 septembre 1865 (2), la sentence de ces

-----

(1) Voir les articles qui ont paru dans *L'Escaut*, en février 1865, et qui étaient signés : Un négociant anversois.

(2) Il s'agit d'une lettre de M. L. Jottrand père, sur les institutions Langrand-Dumonceau, qu'il avait adressée à M. Coomans, rédacteur de *La Paix*, journal qui comptait aussi M. Jottrand comme collaborateur. C'est pour s'être vu refuser l'insertion de sa lettre, dans ce journal, que M. Jottrand s'est adressé à *L'Écho de Liége*. Il paraît donc que *La Paix*, ce journal qui pratique le précepte de l'Évangile, en se tenant toujours en état de guerre, afin de mieux

opérations est portée dans ce résultat, publié récemment par tous nos journaux : Le 13 juillet dernier, le Crédit foncier de Pologne annonçait que sur 215 millions de ses annuités en circulation, 10,000,000 restaient déjà impayées. A supposer qu'il s'agit là d'annuités réparties sur vingt ans, ce serait presque le total des annuités échues restées en souffrance. »

Que l'on est bien venu, après cela, à donner la préférence aux lettres de gage sur l'Autriche, à toutes les autres valeurs, même aux fonds d'État, comme le fait l'auteur de la *lettre de gage* ou *obligation foncière*, quand il dit : « Le plus solide gage, souvent le seul gage des porteurs de titres d'une dette publique réside dans une garantie abstraite et purement négative ; le crédit de l'État.... En temps de crise, les fonds publics sont sujets à des dépréciations ruineuses pour leurs porteurs ; en temps de paix, de calme et de prospérité, ils offrent un intérêt peu élevé à leurs acquéreurs, et à leurs détenteurs des chances de conversion. Les porteurs de titres publics sont amenés ainsi forcément à prendre une part, au moins indirecte, aux jeux de bourse. » Nous savons, par l'histoire contemporaine, que les fonds d'État ne sont rien moins que stables ; mais cet argument ne prouve rien. Est-ce que les lettres de gage ne sont pas sujettes à dépréciation ? Allez donc les négocier à la bourse ou en banque, quand vous avez besoin d'argent ! Et si les fonds d'État ont des mauvaises chances, ils en ont de bonnes en retour, tandis que la lettre de gage, condamnée au *maximum* de 5 p. c., n'a que de tristes perspectives. Qui prouve trop, ne prouve rien.

Nous devons ajouter cependant que si l'Internatio-

préparer la paix, a montré une humeur moins belliqueuse vis-à-vis des institutions de M. Langrand-Dumonceau, ayant peut-être expérimenté qu'il valait mieux, cette fois, avoir la paix sans la guerre.

nal continue ses placements de lettres de gage, du train peu accéléré qu'il a pris jusqu'à présent, les détenteurs n'ont pas à s'inquiéter beaucoup des hypothèques de là-bas , en Hongrie , car il y a assez de souscripteurs, en Belgique, de cette société. On a émis en effet des actions de l'International, à concurrence de 150 millions de francs : 45 millions ont été versés, de sorte qu'il reste dû 105 millions de fr. par les actionnaires, qui sont en définitive la seule garantie véritable des quelques millions d'obligations de la société le Crédft foncier international, c'est-à-dire de ses lettres de gage.

CHAPITRE V.

Le Crédit foncier international.

§ 1. — *Constitution de la société.*

La société de Crédit foncier international (à responsabilité limitée) a son siége social à Londres et son siége administratif à Bruxelles. Ses statuts ont été enregistrés à Londres, le 11 février 1864; mais la société ne fut réellement constituée que le 31 mars par sa fusion avec l'Hypothécaire belge. Son capital social est de 200 millions de francs, dont 150 millions ont été émis et 45 millions, versés. Les administrateurs ou les directeurs, d'après le style anglais, se répartissent dans les agences de la société établies en Angleterre, et sur le continent de la manière suivante : Pour le comité de Londres, MM. Sir Stuart Alexander Donaldson et Georges Worms, esq., directeurs de la Compagnie de Crédit général et de finance de Londres (limitée); le très-honorable lord Robert Cécil, l'honorable colonel Talbot, membres du parlement, et sir James Emerson Tennent; M. Georges Worms, esq. est président du comité anglais.

Pour le comité belge : MM. Ed. Mercier, président, Ad. Dechamps, P. De Decker, comte Duval de Beaulieu, A. Langrand-Dumonceau, administrateur délégué, comtes d'Hane de Steenhuyse et de Liedekerke-Beaufort, A. Nothomb, marquis Ph. de Rodes, comte Vanderstraeten-Ponthoz.

L'administrateur pour l'Autriche est M. Ferdinand Schaefer. Tous ces administrateurs resteront en fonctions jusqu'à l'assemblée générale en 1869.

Les banquiers de la société sont : La Compagnie générale de Crédit et de finance, pour Londres ; la Banque de crédit foncier et industriel, pour Bruxelles ; les succursales de cette dernière pour Vienne et pour Paris ; la Société générale de commerce et d'industrie, pour Amsterdam, et la Banque hypothécaire hongroise, à Pesth, pour la Hongrie.

La société de Crédit foncier international a été présentée au public comme étant basée sur des institutions, fondées antérieurement, en Belgique (la Banque Hypothécaire belge et la Banque de crédit foncier et industriel), en Hollande (la Banque hypothécaire néerlandaise), et en Autriche (la Vindobona) qui « ont toutes prospéré, dit le prospectus anglais, et qui ont produit, à leurs actionnaires, un dividende de 20 p. c., et quelques-unes d'entre elles beaucoup au delà. »

Nous avons suffisamment fait connaître, dans les chapitres précédents, le but et les fonctions que M. Langrand avait assignés à cette société, qui devait être le couronnement et la base de toutes les institutions foncières de ce financier. « Elle parachève, dit-il dans son exposé des motifs, en date du 6 janvier 1864, efficacement le vaste système de nos entreprises. »

§ II. — *Fusion de la Banque hypothécaire belge dans le Crédit foncier international.*

Si l'on voulait faire l'histoire de toutes les grandes sociétés, dans lesquelles se sont fusionnés de petits établissements, l'on trouverait que la plupart du temps l'on a surfait la valeur de ces derniers, surtout quand la fusion se faisait sous forme d'apports par un ou plusieurs des fondateurs. Depuis deux ans, l'on ne voit pas autre chose, aussi bien en Angleterre qu'ici : les vieilles firmes disparaissent, les vieux comptoirs de la Cité, les forges et usines des districts industriels et que des familles avaient rendues recommandables, se perdent dans ces milliers de sociétés irresponsables qui surgissent, chaque jour, sur le marché anglais. La fusion de la Banque hypothécaire belge, avec le Crédit foncier international, se fit dans ces circonstances le 31 mars 1864 ; et, s'il faut en croire les administrateurs de la première, ce n'était pas pour échapper à une position gênée, précaire, qu'elle disparaissait de la scène financière où elle jeta un éclat éblouissant par son dernier dividende (79 p. c.). On n'a même jamais pu savoir pourquoi la Banque hypothécaire belge avait quitté la partie, au moment où elle faisait de tels bénéfices. Nous verrons tantôt, d'après une lettre de M. Lagrand-Dumonceau, du mois d'avril 1864, que cette société a réellement fait un mauvais marché en se fusionnant avec l'International. Mais qui donc la forçait à le faire?

M. Langrand-Dumonceau nous apprend que c'est pour assurer le plein et entier succès des opérations du Crédit foncier international qu'il a arrêté net la Banque hypothécaire belge dans le cours de ses entreprises. « Je n'hésite pas à déclarer, dit-il dans ses

Notions pratiques sur les opérations de l'International, que je regarde cette fusion comme un des actes les plus profitables que je pusse poser en faveur du Crédit foncier international, entre les mains duquel, moyennant une somme de six millions de francs (1), j'ai placé un établissement rapportant un bénéfice annuel de 2,500,000 francs . . . .

« Disposant d'un instrument aussi efficace et travaillant sur une vaste base d'opérations, avec de puissants moyens d'action et un capital de garantie seize fois plus élevé, le Crédit foncier international ne peut manquer de réaliser, *rien qu'en Belgique*, des bénéfices *trois ou quatre fois plus élevés* que ceux (79 p. c.) de la Banque hypothécaire belge, sans compter les profits considérables qu'il retirera des capitaux que

---

(1) La somme stipulée pour l'achat de l'Hypothécaire belge était dix millions de francs. Mais de cette somme il faut défalquer :

1° Pour capital versé . . . . fr.	1,800,000 00
2° Pour fonds de réserve sur les bénéfices de 1861 et 1862	12,278 94
3° Pour fonds de réserve de 1863.	155,400 00
4° Pour la réserve supplémentaire	2,032,321 06
fr.	4,000,000 00

Au moyen de la compensation, le Crédit foncier international n'a dû donner qu'une soulte de six millions. Il faut avouer que la comptabilité des sociétés Langrand-Dumonceau a des chances à nulles autres pareilles, ainsi que nous le verrons encore plus loin à propos de la répartition des bénéfices de l'International. Ici, nous trouvons un chiffre rond de 4 millions, pas un centime de plus, pas un centime de moins. Le dernier bilan de l'Hypothécaire belge ne présente pas d'autre solde du compte de profits et pertes ; de sorte que l'on ne comprend pas qu'on soit arrivé juste au chiffre de 4 millions sans avoir fait un pacte avec le sort, car l'on n'oserait croire que c'est le résultat d'un travail de comptable, chargé par l'administration de balancer ainsi, coûte que coûte, le bilan de l'Hypothécaire belge.

lui procurera son organisation dans les diverses contrées de l'Europe. » Plus loin, il ajoute que « les actionnaires de l'International se félicitent tous d'avoir vu désintéresser complètement les actionnaires et les administrateurs de la Banque hypothécaire belge (1), qui, au prix modique de six millions une fois payés, ont cédé, au Crédit foncier international, un de ces moyens d'action les plus féconds...... » « Je suis fier d'en assumer la responsabilité, dit M. Langrand, en parlant de cette fusion, certain de ne pouvoir, dans ma carrière financière, poser un acte plus utile et plus profitable aux intérêts des personnes qui partagent mes vues, s'unissent à moi pour les exécuter. »

On le voit, le créateur du Crédit foncier international s'applaudit de son œuvre, avec des expressions non moins catégoriques que ne le fit l'Auteur de cet univers, déclarant, d'après le langage de la Bible, que son ouvrage était parfait. Le seul aveu qui soit échappé à ce sujet, c'est que, ainsi que nous l'avons dit plus haut, « si quelqu'un a perdu à cet arrangement, c'est l'administration de la Banque hypothécaire belge, qui a échangé contre une somme relativement peu élevée, une fois payée, un revenu annuel, assuré, pour de longues années et qui dépassait, dès aujourd'hui, 100,000 fr. par administrateur. »

Il s'est trouvé des gens, d'un scepticisme incurable, qui n'ont rien voulu entendre de tous ces calculs séduisants que l'on faisait miroiter aux yeux des actionnaires du Crédit foncier international, en mars et avril 1864. Nous venons de relire la critique que fit

(1) Les premiers ont reçu 550 fr. par action de 150 fr. versés, et les seconds ont eu, chacun, en sus de ces profits comme actionnaires, une gratification ou indemnité, pour la perte de leur place d'administrateur, la bagatelle de *cinq cent mille francs !...*

de cette fameuse fusion de l'Hypothécaire belge un correspondant de *L'Écho du Parlement*, du nom de John Patrick O'Neil, un fervent coréligionnaire et l'un des adhérents des institutions de M. Langrand-Dumonceau, qui est parvenu à intéresser le monde catholique à ses opérations financières. Les lettres de John Patrick O'Neil n'ont pas eu, en 1864, le succès qu'elles auraient incontestablement aujourd'hui, où chacune de ses appréciations s'est traduite en fait dans les premiers bilans de l'International et de l'Industriel. Mais, à moins de supposer, à quelqu'un, le don de prophétie ou de seconde vue, on ne pouvait attacher l'importance qu'il a aujourd'hui, au jugement porté, dès le mois d'avril 1864, par le clairvoyant insulaire, sur les institutions de M. Langrand-Dumonceau. Et puis, il faut le dire, il y avait dans la polémique entre ce financier et sir John, comme il l'appelle, un ton acerbe, un peu de ce fiel que Boileau accorde aux dévots. Les diverses institutions de M. Langrand-Dumonceau et l'économie secrète de ses sociétés, ses *nouveautés* en fait de finances, sont mises en relief, par sir John, mieux que nous ne pourrions le faire : le danger d'escompter les bénéfices, la contradiction perpétuelle qu'il y a, entre sa conduite et ses programmes et surtout l'opération de la fusion de l'Hypothécaire belge sont traités, par sir John, avec une grande hauteur de vues et une connaissance approfondie des affaires financières.

Outre l'achat de la clientèle et de tout l'avoir de l'Hypothécaire belge, le Crédit foncier international avait fait une convention avec la Banque de crédit foncier et industriel, qui avait une succursale fortement organisée à Vienne et de nombreuses agences en Belgique, pour traiter les opérations foncières. L'Industriel devait partager ses bénéfices avec l'International dans la proportion de 2/3 pour celui-ci et de 1/3 seulement par ses propres actionnaires, à la condition que tous les capitaux de l'International seraient mis à sa disposition. John Patrick disait : « que procure ce traité à l'International? La coopération, la science, l'habileté de MM Langrand, Dechamps, De Decker, Mercier, Nothomb, de Liedekerke, Duval de Beaulieu et d'Hane de Steenhuyse? Ils sont déjà tous dans l'International. Mais soit. On aura de plus, « un personnel *rompu* à la pratique des opérations d'achat et de vente, en un mot, on aura toute l'organisation qu'avait la Banque hypothécaire belge. Il est impossible, en effet, de découvrir ce qui aurait manqué à l'International, s'il n'avait pas fait le célèbre marché de dix millions. Donc, les actionnaires de l'International auraient pu économiser bon nombre de millions, et il se trouve que, s'ils les payent, c'est que ceux qui ont stipulé pour lui, leur ont vendu leur propre chose et qu'il y avait dans ce marché, 500 000 fr. par tête pour chacun des administrateurs de l'Hypothécaire. » On comprend que M. Langrand et ses amis ne devaient pas être à l'aise sous l'étreinte d'une logique aussi vigoureuse.

Examinons à qui les faits ont donné raison, dans cette polémique, qui fit grande sensation, tant par la vigueur de l'attaque, la science stratégique que déploya le judicieux insulaire que par la brillante position que venait de prendre le nouveau financier belge, fondateur du Crédit foncier international.

On a vu comment M Langrand nous a représenté la fusion de l'Hypothécaire belge, dans les programmes C'est d'une toute autre façon qu'elle nous apparaît dans le premier bilan de l'Internationnal. On avait dit que cette fusion garantissait le placement d'un minimum de lettres de gage de 12 millions de fr. par an, à l'International; qu'elle lui assurait un bénéfice de 2,500,000 fr. et au delà, rien que pour la Belgique. Eh bien, nous trouvons, dans le rapport, présenté aux actionnaires, le 14 septembre 1865, qu'il n'y a eu, en tout, pour le premier exercice, que 18 millions de fr. de lettres de gage, émises sous le sceau de la société. Et, ajoutons que la moitié environ ne sont que d'anciennes lettres de gage de l'Hypothécaire belge, dont les titres ont été convertis, parce que la nouvelle société accorde 5 p. c., tandis que l'Hypothécaire ne donnait que 4 et 4 1/2 p. c. d'intérêt. Donc, on n'a placé, la première année de l'existence de l'International, que pour 9 millions de fr. de lettres de gage environ, et, remarquons le bien, dans tout le monde, en Angleterre, en Hollande, en Autriche, en Saxe, aussi bien qu'en Belgique, car l'International a des siéges ou des affluents dans ces trois pays. Nous sommes loin du minimum de 12 millions de fr. pour la Belgique seulement! On a vu également que le chiffre des créances hypothécaires, des annuités n'était augmenté que dans la faible proportion des lettres de gage; car ce sont deux termes corrélatifs qui doivent se balancer dans une institution foncière.

Si l'ancienne Hypothécaire belge n'a servi à l'International que pour le placement de 9 millions de fr. de lettres de gage, comment aurait-il pu lui faire gagner 2,500,000 fr.? On ne doit pas tenir compte des lettres de gage, placées antérieurement à la fusion par l'Hypothécaire belge, parce que leur produit avait servi à acquérir des créances hypothécaires, et que ces dernières, cédées à l'International, dépouillées de leurs bénéfices, escomptés d'avance, n'avaient été d'aucun rapport à la dernière société. Bien au contraire, car elles ont occasionné à cette société une perte de réescompte de fr. 1,294,885-94. Si ce n'est pas du chef des anciennes lettres de gage que les 2,500,000 fr. promis, ont été gagnés, est-ce que c'est peut-être au moyen des lettres de gage, placées depuis la fusion, soit 9 millions environ. que ce résultat aurait été obtenu? Nous aurions voulu concéder que c'est, grâce à l'influence et au crédit de l'ancienne Hypothécaire belge seule, que ces 9 millions de lettres de gage ont été placées par l'International. Mais, nous le répétons, cette société internationale opérait ailleurs qu'en Belgique, et le rapport du 14 septembre 1865 nous déclare que la Banque hypothécaire saxonne a concouru pour une part dans le placement des lettres de gage de l'International.

Nous admettrons si l'on veut que l'ancienne Hypothécaire belge a servi à procurer à l'International un capital de 9 millions de fr. pendant son premier exercice. Mais avant de rechercher les bénéfices que l'on a pu obtenir, au moyen de ce capital, nous devons en retrancher la somme de 7 millions de fr. environ, qui est le prix payé par l'International aux actionnaires de l'Hypothécaire en y comprenant le réescompte des annuités. Il ne reste que 2 millions. Mais ne confondons pas ces 2 millions de *capital* avec les 2,500,000 fr. de *bénéfices*, promis.

Si les lettres de gage ont concouru pour 2 millions seulement à obtenir les bénéfices de l'International, elles ont compté à concurrence de 9 millions dans les charges de la société. A l'intérêt de 5 p. c. que paye l'International, aux preneurs de ses lettres de gage, la société s'est trouvée grevée de 450,000 fr. Eh bien, les 2 millions, procurés par l'Hypothécaire à l'International, ont-ils produit un bénéfice égal à cette somme, soit 22 1/2 p. c. ? Évidemment non, puisque la société n'a pu distribuer que 10 p. c. de dividende.

D'où il conste que loin d'avoir procuré les 2 millions 500.000 fr. de bénéfices promis par M. Langrand-Dumonceau, l'Hypothécaire belge a été une cause de perte pour l'International : et si jamais cette dernière parvient à amortir les 7 millions, payés aux actionnaires de l'Hypothécaire belge, ce ne sera pas au moyen des bénéfices que lui aura procurés la clientèle de cette société.

Le bilan de l'International porte pour frais de premier établissement, ainsi que nous l'avons vu, fr. 9,192, 598, dont fr. 5,986,070 pour l'achat de l'Hypothécaire belge ; fr. 1,911,641 pour frais d'émission du capital social, en Angleterre, où l'on n'a pas placé pour 25 millions de fr. d'actions, et fr. 1,294,885 pour réescompte des annuités. Ce dernier chiffre méritait bien un petit commentaire, dans le rapport du 14 septembre 1865 ; car M. Langrand avait affirmé, dans sa lettre du 28 avril, en réponse à John Patrick, que dans la somme de fr. 2.032,321 de bénéfices, non distribués et réservés pour l'International, il y avait fr. 1,981,013, formant le bénéfice compris dans les annuités ; « ce qui démontre, ajoutait M. Langrand, soit dit en passant, que la Banque hypothécaire n'a pas distribué, comme certains critiques le lui reprochent, le bénéfice compris dans les annuités et l'a, au contraire, transporté à la nouvelle société. Ceci m'autorise à dire qu'en appliquant, à cette transaction, une partie de son capital, soit 6 millions de fr., partie qui sera successivement reconstituée, la Société du Crédit foncier international s'est assuré de prime abord, un revenu annuel de plus de 40 p c. sur ce chiffre. Le calcul est facile à faire. » Mais ce calcul était malheureusement de pure fantaisie. Il en a été des 40 p. c. comme des lettres de gage. La fusion de l'Hypothécaire belge est une charge, une perte sèche pour l'International.

Aujourd'hui, la lumière de l'expérience, des faits accomplis a prononcé, dans la remarquable polémique qui s'éleva, en 1864, à propos de la fusion de l'Hypothécaire belge ; aujourd'hui, l'on voit les actions de l'International, déparées de leur prime, ne trouver de refuge contre les dédains des gens sérieux que dans les portefeuilles des sociétés sœurs ou *filiales*. Et l'on reste stupéfait de l'audace des programmes et des écrits répandus lors de la période de formation de cette trop célèbre institution. Voici comment se termine la dernière lettre que M. Langrand écrivait en réponse à John Patrick, en date du 6 mai 1864 :

« Au demeurant, où sont ces victimes pour lesquelles l'âme généreuse de sir John s'est si vivement émue ? Qui se plaint ?

» Les actionnaires ? Non, car les actions sont recherchées plus que jamais et sont cotées à prime ;

» Les porteurs de lettres de gage ? Non, car capital et intérêts leur sont régulièrement payés et les demandes vont chaque jour croissant.

» Les emprunteurs ? Non, car les capitaux nous manquent pour satisfaire à toutes les sollicitations ;

» Les vendeurs ? Non, car nous sauvons les uns d'une position désastreuse, et aux autres nous offrons le moyen, par la vente d'une partie de leurs propriétés, de tirer un meilleur parti de l'autre ;

» Les acheteurs ? Non, car nous les enrichissons ; ils nous payent avec une ponctuelle régularité, et vendeurs et acheteurs se portent en masse vers nous.

» Encore une fois, qui se plaint et pourquoi s'alarmer pour des gens qui n'ont que faire d'une défense inutile ?

» Si après cela, sir John Patrick O'Neil conserve encore quelque inquiétude au sujet des actions qu'il a souscrites, rien n'est plus facile que de s'en debarrasser, il trouvera cent acheteurs pour un. »

Depuis lors, on a un peu changé de ton. L'enthou-

siasme des rapports et des bilans de l'International,
le 14 septembre, et de l'Industriel, le 28 décembre
1865, va *decrescendo*.

§ III. — *Premier bilan de l'International.*

Abordons de suite les résultats du premier exercice, tels que nous les fait connaître le rapport, présenté à la première assemblée générale des actionnaires, tenue le 14 septembre 1865, à la Taverne des
franc-maçons, de la Cité de Londres. Les comptes et
bilans se clôturent, le 31 décembre de chaque année,
de sorte que l'on a lieu de s'étonner que l'on ait reporté, jusqu'en septembre, l'assemblée annuelle des
actionnaires, d'autant plus que l'art. 40 des statuts
décide qu'elle se tiendra de droit, au plus tard, le
premier lundi de mai.

Il semble qu'un délai de quatre mois soit déjà suffisant pour préparer un rapport. Les sociétés financières, en Angleterre et ici, rendent compte à leurs
actionnaires, des opérations sociales, dans les premiers mois de l'année : la Banque Nationale, en février,
d'autres déjà en janvier et les plus attardées, en mars
ou en avril. De quel droit fait-on attendre les actionnaires, pendant des mois, pour leur faire connaître
les résultats de l'exercice, clos au 31 décembre, alors
que l'administration a arrêté ses comptes à cette
date ? Et puis, l'on comprend les abus, vrais abus de
confiance, qui peuvent résulter de ces retards, en
laissant, aux seuls administrateurs, la connaissance de
faits, acquis à tous les actionnaires, comme les bénéfices
ou les pertes de la société, faits qui doivent influer
sur le cours des actions. Il nous semble que l'on devrait faire connaître aux actionnaires, par la voie des
journaux, quelques jours après la clôture du bilan,

le chiffre du dividende proposé par l'administration,
ainsi que des sommes mises à la réserve (1).

Actions à émettre : Le bilan, à l'ACTIF, indique
50 millions de fr., représentés par 100,000 actions qui
restent à émettre. Les 300,000 autres ont été émises,
savoir : 250,000, sur le Continent, en mai 1864, et
50,000, à Londres, en juillet, même année. Mais de
ces 50,000 actions, réservées au public anglais, 15,000
avaient été préalablement souscrites, sans doute, par
les fondateurs, ou bien, suivant la mode anglaise, elles
leur avaient été attribuées libéralement. Nous devons
ajouter que ces actions, les 50,000 destinées à l'Angleterre, n'y ont pas fait long séjour et que leurs
souscripteurs se sont empressés de les faire réaliser
à la bourse de Bruxelles. Cependant leur émission, à
Londres, avait donné lieu à des frais énormes, portés
au bilan — à l'actif du bilan — pour fr. 1,911,641-44.
C'est la Banque de crédit foncier et industriel qui
avait eu cette grasse commission.

D'après une circulaire du mois de juillet dernier,
signée A. Langrand-Dumonceau, il ne sera *jamais*
fait d'appel de fonds sur les actions de l'Industriel,
de l'International, de l'Hypothécaire néerlandaise ni
de la Vindobona. D'après *La Vérité sur les institutions
foncières*, p. 17, un appel de fonds sur les actions de
l'*International* n'aura *jamais* lieu. Voilà de quoi se
rassurer. Mais quand bien même cette assertion serait garantie par la Vindobona, nous déclarons que

(1) C'est une innovation qui vient d'être adoptée par *The Universal
Company*, société pour favoriser les entreprises industrielles et
commerciales (Limitée) art. 126. Cette société a également intro-
duit dans ses statuts, une disposition empruntée à la loi anglaise
du 7 août 1862, en vertu de laquelle un registre contenant les
noms des actionnaires, sera livré à l'examen des intéressés, tous
les jours, tant au siége enregistré de la société, à Londres, qu'au
siége administratif, à Bruxelles.

nous n'y croirions pas; personne en effet ne peut prévoir si les créanciers de l'International n'auront pas un jour le droit d'exiger un nouveau versement. Les porteurs des 300.000 premières actions souscrites sont exposés à devoir verser encore la bagatelle de 105 millions de fr., à moins que l'on ne parvienne, en cas de revers de la société, ce qui sera peu probable dans une telle conjoncture, à émettre les 100,000 actions restées à la souche.

Créances hypothécaires. Il y avait, au 31 décembre 1864, au portefeuille de l'International, pour 26 millions 273,567 fr. 49 c. de ces créances, exigibles, dit le rapport, dans une période de 50 années. L'International qui arrivait, d'après les *Notions pratiques*, non pour *préparer* et pour *semer*, mais pour *réaliser* et *récolter*, et cela dans un pays où l'on peut facilement faire pour des *milliards* d'affaires en immeubles, l'International n'a acheté que pour 26 millions de créances? Ce n'est pas là, ce qu'on attendait, car d'après une circulaire de M. Langrand, du 24 juin 1864, dont nous avons parlé (p. 137 et 138), la société avait déjà, à cette date, acquis des domaines, payés comptant, pour la somme de fr. 28,954,466. L'on avait revendu ces domaines, en *grande partie*, avec des bénéfices variant entre 130, 100, 80, 60 et 50 p. c., et le restant devait, d'après les rapports transmis à M. Langrand, être revendu, avant la fin de l'année courante (1864) et donner un bénéfice net *de vingt millions de fr. au moins*. Mais rappelons-nous que l'Hypothécaire belge avait transmis, en se fusionnant, ses créances hypothécaires, montant au chiffre de fr. 25,421,602, au 31 décembre 1863 et probablement, à un chiffre plus élevé au moment de la cession, le 1er avril 1864. Et en supposant que l'on ait remboursé quelques-unes de ces dernières créances, pendant le premier exercice de l'International, l'on sera forcé de convenir que cette société n'a rien ou presque rien fait, pendant son premier exercice, et que la circulaire du 24 juin 1864 est apocryphe.

Immeubles : *fr*. 15,598,996-20. Il est d'abord étonnant de trouver un chapitre *immeubles*, au bilan de l'International, si l'on se rappelle que, d'après une convention entre cette société et l'Industriel, la première devait mettre à la disposition de la seconde *tous ses capitaux* (1) pour faire les opérations d'achat et de revente de domaines. L'International devait jouer, dans cette espèce d'association en participation, le rôle de bailleur de fonds et racheter simplement les créances hypothécaires souscrites, au profit de l'Industriel, par les sous-acquéreurs des biens revendus par cette société. Quoi qu'il en soit, l'International acheta directement des domaines, parmi lesquels figurent d'abord les terres du baron Sina. Nous avons vu, au bilan de l'Industriel, ce qui advint de ce fameux domaine de Godollo ou Godelli. Dans le chiffre des immeubles, restés pour compte à l'International, au 31 décembre 1864, soit fr. 15,598,996-20 est compris une plus-value de fr. 736,713-53. Cette plus-value serait un calcul inoffensif si on en avait réservé le montant dans l'avoir social; mais comme on l'a distribué aux actionnaires, absolument comme un bénéfice acquis, réalisé, encaissé, on conviendra que c'est là une pratique risquée, dangereuse. Que di-

(1) Le premier rapport de l'Industriel porte :

« Le poste de 800,000 francs qui figure au débit du compte *profits et pertes* est la conséquence du traité que nous avons conclu avec la société de Crédit foncier international, et par lequel elle met *tous ses capitaux* à notre disposition pour traiter des affaires selon des bases convenues, bases qui sont le partage des bénéfices nets dans la proportion de 2/3 pour le Crédit foncier international et d'un tiers pour la nôtre. »

rait-on d'un négociant qui, faisant, fin décembre,
l'inventaire de ses magasins, ne se contenterait pas
d'estimer ses marchandises, mais qui se mettrait en
tête de porter une plus-value arbitraire, purement
d'estimation, au compte des profits et de se distribuer
des bénéfices, ainsi obtenus, soit à lui-même, soit à
ses associés? Ne dirait-on pas que c'est un insensé?

Portefeuille : fr. 12,975.689-90. Ce chiffre se dé-
compose en fr. 12,974,034-90 de valeurs foncières, et
en fr. 1,655 de fonds publics. Évidemment, il eût été
plus correct de mettre ces 12,975,689 fr. à la disposition de l'Industriel que d'acheter des valeurs de portefeuille. De même que nous l'avons fait à propos
du portefeuille de l'Industriel, nous demanderons
pourquoi l'on n'a pas donné connaissance des valeurs
du portefeuille de l'International. Ces valeurs foncières sont-elles des actions ou lettres de gage de la
Banque hongroise, soit des autres sociétés fédérées,
l'Industriel, l'Hypothécaire néerlandaise, ou l'Hypothécaire saxonne, etc.?

Frais de premier établissement : fr. 9,192,598-21.
C'est là un chapitre important, qui se subdivise 1° en
fr. 5,986,070-83, le prix payé comptant, de la fusion
de l'Hypothécaire belge, 2° fr. 1,911,641-44 pour
frais d'émission du capital social, à Londres, 3° fr.
1,294,885-94 pour réescompte des annuités par suite
de l'échange de lettres de gage. Ce poste que nous
avons expliqué à propos de la fusion de l'Hypothécaire belge, est l'un des points les plus critiques de ce bilan ; c'est pourquoi nous y revenons.
On sait que l'International bonifie 5 p. c. d'intérêt
aux preneurs de ses lettres de gage, tandis que l'Hypothécaire belge ne donnait que 4 1/2 p. c.. Or, un
grand nombre de détenteurs des dernières, sont
venus échanger leurs titres contre les lettres de gage

émises sous le sceau de l'International. On compte qu'il a été converti ainsi des titres pour neuf millions de francs. Il a fallu réescompter les annuités, transmises par l'Hypothécaire belge, à l'International, parce que le premier les avait évaluées dans son dernier bilan à 4 1/2 p, c., taux de ses lettres de gage. Puisque l'International porta l'intérêt de ses obligations ou lettres de gage à 5 p. c., il ne pouvait escompter les annuités qu'à 5 p. c. au plus bas. C'est par suite de cette opération qu'il dut subir une perte de fr. 1,294,885 qui sont portés, par suite des usages, à l'actif de la société. Si dans la suite celle-ci ne pouvait plus obtenir de l'argent qu'à 5 1/2 ou 6 p. c., il lui faudrait derechef faire la même opération onéreuse qui, cette fois, serait portée, au passif, parce qu'elle ne pourrait plus être considérée comme frais de premier établissement. On ne niera plus que la Société hypothécaire belge escomptait ses annuités, c'est-à-dire la portion des annuités qui correspond au bénéfice. Nous venons de la prendre sur le fait. Et l'assurance donnée par M. Langrand, à sir John Patrick O'Neil, que les bénéfices des annuités de l'Hypothécaire belge avaient été réservés pour l'International est donc controuvée.

Les frais de premier établissement sont le résultat d'une opération tout à fait onéreuse, et nous pensons que jamais on ne parviendra à les légitimer.

Compte courant à la Banque de crédit foncier industriel, fr. 12,070,891-74. Ce placement, fait en vertu d'une convention rappelée plus haut, rapportait 4 1/2 p. c. et valait mieux, en tous cas, que les valeurs de portefeuille.

Passif. Laissons les 200 millions de capital pour en venir aux dividendes, après avoir passé aussi le chapitre des lettres de gage. Ces fameuses lettres de gage de l'International, dont on devait écouler au minimum, pour 100 millions de francs par an, elles ont donné lieu, pendant le premier exercice, au maigre placement de quelques millions de francs seulement. Comment n'a-t-on pas rougi de présenter un tel bilan aux actionnaires, le 14 septembre 1865 ? Il est vrai que, d'après la chronique, l'assistance ne se composait que de *fidèles* et de nombreux employés des sociétés Langrand-Dumonceau, qu'on avait munis de procuration et dépêchés à la Taverne des franc-maçons, pour faire nombre. Mais venons-en au beau chapitre des bénéfices.

§ IV. *Les bénéfices.*

C'est par ses bénéfices que l'on juge une entreprise financière ou industrielle, comme c'est à ses fruits que l'on connaît un arbre. Mais ce n'est pas à dire que toutes les sociétés qui donnent des dividendes soient dans un état de prospérité, car l'on voit, de nos jours, très-souvent dépérir une entreprise malgré les beaux bénéfices dont on avait orné son bilan (1), leurs administrateurs ayant imité les sauvages du désert qui abattent l'arbre pour en cueillir les fruits.

L'International, de même que les autres sociétés Langrand-Dumonceau, a suivi ce procédé primitif de cueillette de dividendes. Nous démontrerons que loin d'avoir pu distribuer légitimement 10 p. c. de bénéfices sur le capital versé, la société a fait une perte réelle de 25 p. c. pendant le premier exercice. On avait promis, au chapitre VII des *Notions pratiques*, 40 p. c. de revenu pour les capitaux qui auront pris

(1) C'est ainsi que la *London Hambourg and Continental exchange*, dont parle *L'Union financière* du 9 avril 1865. dans sa correspondance de Londres, a fait faillite quelques mois après avoir distribué un dividende de 10 p. c. Le passif était considérable.

part aux opérations du Crédit foncier international.
Une circulaire, du 6 janvier 1864, avait d'abord
fixé à six millions de fr. seulement, les bénéfices à
réaliser, en une année, par l'International et pareille
somme pour l'Industriel. Mais, depuis cette date, on
avait songé au traité de participation entre ces deux
institutions, en vertu duquel on attribuait 2/3 des bénéfices à l'International et 1/3 seulement à l'Industriel.
Et en se basant « sur des faits acquis, porte une circulaire de M. Langrand, en date du 31 mars 1864,
nous pouvons dès maintenant prévoir que le chiffre
des profits résultant de la combinaison que nous
annonçons, s'élèvera, pour la première année, au
chiffre de 15,00,000 fr. environ, soit 5,000,000 pour la
Banque du crédit foncier et industriel. » On connaît
la circulaire du 24 juin 1864. Dans le propectus anglais de l'International, on ne débita point de telles
énormités ; l'on fut plus réservé à l'égard des positifs
Insulaires et on imprima que « des traités ont été
conclus avec la Banque hypothécaire et la Banque de
crédit foncier industriel, qui lui assurent les avantages de leur expérience et de nombreuses et bonnes
affaires dès le commencement, et lui garantissent, dans
toute éventualité, pour la première année d'exercice,
un dividende minimum de 11 p. c. sur le capital versé. »

Ce dernier chiffre si prosaïque en regard des miro-
bolantes promesses, écrites en grosses lettres, sur les
prospectus, destinés aux gobe-mouches du Continent,
se rapprochait le plus de la vérité. Le résumé du
compte de profits et pertes se balance par 4,359,611 fr.
Un premier dividende, à titre d'intérêt de 6 p c., avait
exigé une somme de 1,748,500 fr. On affecta 500,000 fr.
à l'amortissement des frais de premier établissement.
Les fondateurs de la Société, MM. Dechamps, De
Decker, d'Hane de Steenhuyse, de Liedekerke-Beau-

fort, Langrand-Dumonceau, E. Mercier, A. Nothomb et Duval de Beaulieu touchèrent les 10 p. c. en vertu de l'art. 3 des statuts, qui leur constitue à eux et à leurs héritiers, pendant 90 ans, une telle prime ou redevance, soit une somme de fr. 211,111-11.

Admirons un nouveau phénomène de comptabilité à peu près semblable à celui que nous a présenté la fusion de l'Hypothécaire belge. Le bénéfice net de l'International est de 4,359,611-11

On en déduit d'abord 6 pour cent, soit 1.748,500

puis pour amortissement des frais de premier établissement. 500,000
                                            —————
                                            2,248,500-00
                                            —————
                                            2,111,111-11

Et en prélevant les 10 p. c. attribués aux fondateurs 211,111-11
                                            —————
                                            1,900,000-00

l'on arrive à un chiffre qui se répartit, si exactement qu'il ne laisse pas même, le solde d'un seul centime au compte de profits et pertes. Mais ne nous amusons point à admirer les jeux du hasard ou les tours de force des comptables.

Nous avons dit que les fondateurs avaient touché . . . . fr. 211,111-11

Les administrateurs ont également eu à se partager entr'eux 10 p. c. des 1,900,000 fr. indiqués tantôt. . . . 190,000

Ce n'est pas tout ; messieurs les administrateurs, qui cumulent les qualités de fondateurs et d'administrateurs de l'International, ont encore droit, en vertu de l'art. 70 des statuts, à une rémunération en espèces, qui ne peut dépasser, dit le texte, 6,600 liv. st., soit 165,000 fr., somme qu'ils se sont attribuée tout entière pour le premier exercice de 8 mois, soit 165,000
                                            —————
                                            fr. 566,111-11

De façon que MM. Dechamps, De Decker, d'Hane de
Steenhuyse, de Liedekerke, Langrand-Dumonceau,
E. Mercier, A. Nothomb et Duval de Beaulieu ont eu à
se partager la bagatelle de fr. 566,111-11 pour avoir
fondé et administré une société à responsabilité limitée, qui n'a presque rien fait, puisque l'Industriel
était chargé, par contrat, des principales opérations
sociales. MM. le marquis de Rodes et comte Vanderstraeten-Ponthoz ne vinrent que comme simples administrateurs.

Après avoir écrémé ainsi les bénéfices, ces messieurs ne laissèrent que le petit lait aux actionnaires,
soit 10 p. c. du capital versé. En voyant la part du
lion que se sont faite ces mêmes personnages, dans
la plupart des sociétés fondées par eux, l'on serait
presque tenté de croire qu'ils ne les ont tant multi-
pliées que pour avoir le prétexte de se faire émarger
aux chapitres des bénéfices et émoluments de fondateurs et administrateurs. Les dernières sociétés
semblent encore enchérir sur les premières, à cet
égard. On a reproché aux directeurs et aux hauts
employés de la Société générale pour favoriser l'industrie nationale, d'occuper la plupart et les meilleures positions dans les nombreuses compagnies
charbonnières, métallurgiques, de chemins de fer,
canaux, etc., patronnées par l'institution mère et de se
faire, par ces cumuls, des bénéfices excessifs. Les
bénéfices des administrateurs-fondateurs des sociétés
Langrand-Dumonceau font oublier les émoluments,
respectables, à la vérité, des directeurs de la Société
Générale. Nous savons que dans l'affaire de la fusion
de l'Hypothécaire belge, si désastreuse pour l'International, chaque membre du conseil d'administration
y a trouvé une petite indemnité, de plus d'un demi-
million de francs, pour sa place d'administrateur sup-

primée et puis une somme considérable en qualité d'actionnaire. On vient de voir ce que le premier exercice de l'International leur avait valu ; et probablement que la même répétition se fera au bilan de chacune des autres sociétés. Si les choses allaient de ce train, pendant quelques années seulement, les administrateurs pourraient attendre, en toute sécurité soit un nouveau versement sur les actions, soit même une mauvaise liquidation de la Société, car ils en auraient extrait tout le sucre en ne laissant aux autres que l'écorce. Nous n'avons point parlé du joli bénéfice de primes que peuvent encore faire les administrateurs fondateurs des sociétés Langrand-Dumonceau. On voit, dans tous les statuts de ces sociétés, un article ainsi conçu : « Sauf les autres dispositions des présentes, les actions de la Compagnie seront, sous le contrôle des fondateurs, qui peuvent les distribuer ou en *disposer autrement*, au profit de telles personnes, à telles conditions et à telles époques qu'ils jugeront convenable. » Or, l'on sait que l'Industriel a fait jusqu'à 126 fr. de prime, l'International de 70 à 80 fr., et que ces messieurs en étaient les dispensateurs souverains. Qu'a-t-on fait de ces primes qui ne sont pas renseignées aux bilans ? On y porte, en revanche, les 1,900,000 francs de frais d'émission, à Londres des actions de l'International, *qui faisaient prime !*

Si la position des administrateurs est si digne d'envie, il en est autrement de celle des actionnaires (1)

(1) Les fondateurs-administrateurs de la Banque générale pour favoriser l'agriculture et les travaux publics se sont fait des parts réellement scandaleuses dans les bénéfices. Quand une action au porteur, libérée de 200 francs, recevra, en sus de 6 p. c. d'intérêt, un dividende de 1 franc, chaque administrateur-fondateur aura, indépendamment de son traitement fixe de 15,000 fr., un tantième s'élevant à 22,580 francs. De façon que si la Banque générale venait

et de la société que l'on épuise par une exploitation à outrance et anti-financière. Nous prétendons que non-seulement l'International n'a pu légitimement distribuer 10 p. c. de dividende, mais encore qu'il est en perte de 25 p. c. au moins, du capital versé. C'est grave. En effet, quand l'on examine très-attentivement et au point de vue prosaïque de la caisse, le bilan de l'International, l'on trouve que le chapitre 8 accuse une perte ou mise de fonds de fr. 9,192,598-21, dont on doit soustraire les 500,000 fr. d'amortissement, ce qui laisse un déficit de fr. 8,700,000. Si l'on ajoute à ce chapitre le montant des bénéfices distribués, soit fr. 3,649,611-11, l'on trouve que la société est en perte de fr. 12,350,000.

Qu'est-il entré dans la caisse? Nous ne parlerons pas des intérêts des comptes courants (fr. 829,096-45), des créances hypothécaires (fr. 1,126,544-13), des prêts sur dépôt (fr. 5,434-83), des commissions (fr. 4,312-72), des intérêts du portefeuille (fr. 445,053-71), etc., etc., sommes qui ont été à peu près absorbées par les intérêts de lettres de gage et les frais généraux. Qu'est-il entré? Rien que des espérances. Espérances de fr. 736,713-53 de plus-value sur immeubles, détenus pour compte, de la même façon qu'une marchan-

---

à distribuer, comme l'a fait l'Industriel, pour ses deux premiers exercices, un dividende de 20 p. c., chaque administrateur-fondateur toucherait 632,240 francs, tandis qu'il ne serait attribué au simple actionnaire que (40-12) 28 francs. Dans ce dernier cas, il serait alloué à M. Langrand-Dumonceau, en vertu de l'art. 5 des statuts, la bagatelle de 4,200,000 fr. pour être distribués, par lui, comme il le jugerait convenable, entre les personnes qui ont contribué ou qui contribueront à la formation ou à l'organisation de la société. C'est à titre de créateur de la Banque générale que M. Langrand-Dumonceau peut disposer de cette espèce de *fonds secrets*, de sorte qu'il n'en perdrait pas le bénéfice s'il avait, comme on l'annonce, donné sa démission de président du conseil d'administration.

dise en magasin ; et puis fr. 2,162,783-89 pris sur les affaires en réalisation de l'Industriel.

En réalité donc, et sans se payer des fictions de la comptabilité si bien exploitées par l'administration de l'International, l'on peut dire que cette société est en perte de plus du quart de son capital versé.

Est-il étonnant, après cela, que les actions de cette société ne puissent se soutenir au pair, le lendemain du jour où l'on a touché un dividende de 10 p. c.? Les bénéfices du second exercice fixés à 7,825.439 fr. sont déjà assurés, ainsi que le déclare le rapport, fait à l'assemblée des actionnaires de l'Industriel, le 28 décembre dernier, et les actions de l'International continuent à descendre au-dessous de pair !

Nous avons, au moyen des quelques chiffres qu'il a plu à l'administration du Crédit foncier international de révéler au public, démontré que cette société a une fausse base d'apprécier ses bénéfices, et que, en réalité, elle est plutôt en perte. Si ses actions ne sont pas tombées, comme celles de la Compagnie générale de matériels de chemins de fer, il ne lui faudrait pas trois exercices successifs, comme celui que nous venons d'examiner, pour les amener aux mêmes cours. La position de l'Immobilière de Belgique, en liquidation, est bien plus favorable. En effet, l'on peut s'assurer de la valeur réelle des immeubles de cette dernière, tandis qu'il est véritablement impossible, aux actionnaires d'aller voir si les immeubles de l'International ont une valeur marchande (on juge mal les objets vus de loin, dit M. Langrand, dans sa circulaire du 9 septembre 1865), telle que le porte le bilan de cette société, et si ses valeurs de portefeuille, renfermées dans l'obscurité de la couverture de celui-ci, sont des valeurs réalisables.

En présence de ces résultats, que le directeur de

l'International connaissait, lorsqu'il lança, en juillet 1865, une circulaire sur laquelle nous aurons à revenir, comment a-t-il pu s'écrier : « qu'il ne s'était pas trompé dans ses prévisions, en promettant des bénéfices élevés, effectués sur les opérations foncières mêmes? » L'on s'est beaucoup moqué du Crédit mobilier français qui faisait appel aux économies des pères de famille, prétendant que ses valeurs reposaient également sur des entreprises solides, alors que les bénéfices, accusés au bilan, ne dénotaient que des spéculations en valeurs de bourse. Les résultats du Crédit foncier international ne valent pas autant, puisqu'ils ne sont pas des bénéfices effectifs, encaissés, mais des gains imaginés par l'administration en faisant, au 31 décembre, l'inventaire de ses immeubles non vendus.

Nous ne savons si le Crédit foncier international subsistera longtemps, si cette banque mère verra de longs exercices. S'il fallait en juger par les fruits hâtifs, malsains du premier, l'on pourrait bien craindre que cette société, le couronnement de toutes les institutions foncières de la nouvelle école, ne soit couronnée d'un tout autre résultat que de celui dont son directeur berce ses actionnaires. Le bilan du premier exercice est, en tout cas, de bien mauvais augure, c'est le résultat négatif d'une institution qui n'est pas née viable.

CHAPITRE VI.

La Banque générale pour favoriser l'agriculture et les travaux publics.

Jamais l'on n'avait vu, dans notre pays ni même en France, avant Mirès, lancer des entreprises aussi considérables, demander au public des capitaux par centaines de millions à la fois, comme l'a fait M. Langrand-Dumonceau. L'Industriel avait vu les cinquante millions de fr. de son capital et l'International 150 millions sur les 200 dont se compose son capital, souscrits en une année, du mois d'août 1863 au mois de septembre 1864. Et si les fameuses opérations foncières en Autriche, qui avaient motivé ces grandes créations, eussent été autre chose qu'un prétexte pour prendre place dans le monde financier, l'on aurait pu réaliser quelques-unes des promesses contenues dans les *Notions pratiques*. Mais ce n'était pas, en Autriche, que l'on songeait à opérer; l'Industriel et l'International n'y avaient qu'un simple représentant, quoique ce fût le cœur, le siége même de l'exploitation sociale.

L'on se tenait à Bruxelles, près de la Bourse, où se déploie, en réalité, la plus grande somme d'activité.

On s'était imaginé, un instant, que M. Langrand et ses compagnons allaient s'ensevelir dans l'entreprise de régénération économique et financière de la Hongrie et de l'Autriche; mais il paraît que ces régions fortunées ne leur sourirent que médiocrement. On leur montra, à un autre point de l'horizon, comme satan le fit jadis au Messie, des perspectives plus brillantes, les rois du monde financier, tenant leur cour au milieu d'une foule d'adorateurs et de célébrités. Le malin esprit, qui est commis spécialement pour entraîner les grands hommes à leur perte, suggéra, au thaumaturge de la finance belge, de créer aussi une de ces sociétés monstrueuses, connues sous le nom de Crédit mobilier, en ajoutant que s'il réussissait cette fois, comme tout son passé le lui promettait, il serait semblable à ces dieux de la finance cosmopolite. Vite on dépêcha, dans toutes les directions, en France, en Allemagne, en Hollande et dans notre pays, pour chercher des noms illustres, des ducs, des princes, des ministres d'État, des sénateurs et des ministres plénipotentiaires dont on pût former un conseil capable de faire pâlir l'entourage des Pereire, des Rothschild, des Masterman, Baring et autres financiers. Il fallait du reste une revanche à l'humiliation que l'on avait subie dans l'affaire de la Société générale de commerce et d'industrie d'Amsterdam. La Banque générale pour favoriser l'agriculture et les travaux publics fut décrétée.

« La Banque Générale d'Agriculture et de Travaux publics est destinée, dit une circulaire, à favoriser, dans tous les pays de l'Europe, la formation de sociétés offrant un caractère d'utilité générale et publique, quelle que soit la nature de ces sociétés. Elle appliquera également son action aux opérations foncières, agricoles, de crédit et de travaux publics, soit en se chargeant à titre d'intermédiaire, de l'émission et du placement des valeurs de ces sociétés diverses, soit en y prenant une participation déterminée, soit encore en traitant directement et pour son compte quelques-unes de ces opérations. Le but principal de la Banque Générale est donc de patronner, de commanditer des institutions existantes ou à créer dans divers pays; elle s'appuiera pour y parvenir sur des Banques foncières locales dont elle secondera la formation, et qui lui permettront d'assurer l'instruction et la diffusion des affaires dont elle se chargera. »

Le capital nominal de la Banque Générale, soit 300,000,000 de fr., fut divisé de la manière suivante :

1° 300,000 actions *nominatives* de 500 fr., sur chacune desquelles il ne pourra être appelé, jusqu'au 1er janvier 1868, que 150 fr. seulement.

2° 750,000 actions *au porteur*, de 200 fr., entièrement libérées, et qui seront émises au fur et à mesure des besoins.

Les porteurs d'actions nominatives participent aux bénéfices dans la proportion du capital nominal; les actions au porteur dans la proportion du capital versé. Les porteurs d'actions nominatives composent seuls l'assemblée générale des actionnaires.

Le public belge est admis à souscrire 30,000 actions nominatives et 30,000 actions au porteur. La souscription a lieu dans la proportion de : 1 action nominative sur 1 action au porteur. Les actions au porteur seules pourront être souscrites sans conditions spéciales.

Les statuts de la Banque Générale n'étaient que la reproduction de ceux de l'International, avec une va-

riante dans la définition de l'objet de la société.
Celle-ci devait faire des opérations foncières et immobilières, en Autriche spécialement, et ailleurs, tandis
que la première pouvait joindre, aux opérations foncières et immobilières, les opérations de banque et les
grands travaux publics. La Banque internationale de
crédit agricole, — la dernière transformation du
nouveau financier belge, à la date où nous écrivons,
en février 1866 — n'est elle-même qu'une nouvelle
édition des mêmes statuts de société à responsabilité
limitée (anglaise).

En créant la Banque Générale on ne savait positivement pas ce que l'on entreprendrait, s'il y avait
même place pour une telle société. La Compagnie
immobilière de Belgique, qui a fourni une si triste
carrière, avait au moins quelques projets à réaliser,
dans la pensée de ses auteurs : c'était les travaux de
la ville d'Anvers par suite de l'abandon des terrains
de l'ancienne enceinte. La Banque Générale, qui, par
un caprice du sort, devait plus tard être mêlée à cette
affaire, n'avait pas le plus petit projet dans son
berceau. Aussi, depuis sa naissance, n'a-t-elle fait
qu'aller à l'aventure, sans boussole et sans lest.

Après le premier succès de curiosité qu'obtint cette
conception colossale, quand l'on eut examiné de plus
près l'entreprise, il se fit une réaction qui faillit la
renverser à son début. L'on était scandalisé de voir
des hommes politiques, respectés jusque là, s'atteler
au char du financier, parvenu au sommet du capital
sinon du crédit en quelques années. On se demandait ce que ces hommes, occupés de tout autre soin,
que d'engrais agricoles ou que de terrassements et de
travaux, allaient faire dans cette société. Voici comment se composait le fameux conseil d'administration, vrai conseil aulique de la Banque générale.

MM. ALLARD, directeur de la Monnaie, à Bruxelles :
D'ANETHAN (baron Henri), propriétaire, à Bruxelles ;
ARNTZ (E.-R.-N.), avocat, professeur de droit civil et
international à l'université, à Bruxelles : BARROT (Adol-
phe), sénateur, ancien ambassadeur de S. M. l'Empereur des Français, à Paris ; DE BYLANDT (comte), grand
officier de la maison de S. M. le Roi des Pays-Bas, à
la Haye ; CAROLUS, ministre de S. M. le Roi des Belges,
à Rome ; COGHEN (comte), propriétaire, à Bruxelles ;
CRAMER, propriétaire, à Amsterdam ; DE FLAVIGNY
(comte), ancien député, à Paris ; DE FRAENKEL (baron),
banquier, à Varsovie ; DE JONGHE (vicomte), ministre
de S. M. le Roi des Belges, à Saint-Pétersbourg ; LAN-
GRAND-DUMONCEAU (André), propriétaire, à Bruxelles ;
DE LISLE DE SIRY (marquis), envoyé de S. M. l'Empereur des Français, à Paris ; DE MEROLLA, ancien envoyé de S. M. le Roi de Naples, à Bruxelles ; MESSIER
DE SAINT-JAMES, propriétaire, à Paris ; DE MONTEBELLO
(duc), sénateur, ancien ambassadeur de S. M. l'Empereur des Français, à Paris ; DE RANDWYCK (comte), ancien ministre de l'intérieur et des affaires étrangères
de S. M. le Roi des Pays-Bas, à la Haye ; DE RA-
VINEL (baron), député au corps législatif, à Paris ;
SAINT-PAUL DE SINCAY, directeur général de la Société
de la Vieille-Montagne, à Chênée (Belgique); DE SEISAL
(vicomte), ministre de S. M. le Roi de Portugal, à
Bruxelles ; VANDER STRATEN-PONTHOZ (comte Ignace),
propriétaire, à Bruxelles ; VILAIN XIIII (vicomte Charles), ancien ministre des affaires étrangères de S. M.
le Roi des Belges, à Bruxelles : DE VRIÈRE (baron), ministre d'État, ancien ministre des affaires étrangères
de S. M. le Roi des Belges, à Bruxelles ; DE ZUYLEN DE
NYEVELT (baron), ancien ministre des affaires étrangères de S. M. le Roi des Pays-Bas, à la Haye.

M. Langrand-Dumonceau s'était naturellement ré-

servé la présidence de ce conseil d'administration.
Pour la première fois, on ne voyait pas figurer, à côté
de lui, son *fidus achates*, M. E. Mercier. MM. P. De
Decker (1), A. Dechamps, A. Nothomb, A. Duval de
Beaulieu, ses compagnons ordinaires, étaient aussi
absents. Quoique les émoluments·des fondateurs administrateurs de l'International et des autres sociétés
Langrand-Dumonceau soient à peu près égaux, en
principe, aux avantages réservés aux nobles com-
parses de M. Langrand, dans la Banque générale, qui
n'avaient également, ces derniers, que 10 p. c., comme
fondateurs, 10 p. c. (2) comme administrateurs et un
fixe de 15,000 fr. par an, au lieu des 165,000 fr. que les
15 administrateurs de l'International ont eu à se partager, l'on fit cependant grand tapage et l'on glosa sur
les appetits scandaleux des nobles administrateurs. La
chose vint aux oreilles des gouvernements dont quelques ministres plénipotentiaires avaient prêté leurs
noms pour la nouvelle entreprise; et l'on vit ces derniers donner spontanément à M. Langrand leur démission, de peur de recevoir des lettres de rappel de
leurs gouvernements. La Belgique vit avec peine qu'un
homme aussi estimé que M. Vilain XIIII, qui avait
gagné les sympathies des honnêtes gens en refusant,

(1) On écrit de Bruxelles au journal *La Meuse*, que M. De Decker
aurait donné sa démission d'administrateur d'une des sociétés Langrand-Dumonceau, sans désigner laquelle. Nous ne pensons pas que
l'honorable ancien ministre veuille décliner ainsi la responsabilité
qui ne peut manquer de peser bien lourdement sur les fondateurs et
administrateurs de ces sociétés, dont les jours semblent être comptés
dès à présent. Du reste, au jour du règlement des comptes, le public
actionnaire saura bien rechercher les auteurs de sa déconvenue.

(2) Cependant comme la Banque générale a un capital de 500 millions et l'International de 200 millions, l'on comprend que le tantième dans les bénéfices accordé aux fondateurs et administrateurs,
sera proportionnel au capital respectif.

en 1856, pendant qu'il était ministre des affaires étrangères, l'autorisation à une société de crédit mobilier, de se constituer en société anonyme, un homme vraiment populaire, à cause de l'attitude énergique qu'il prit, en faveur de la liberté de la presse dans un moment difficile, la Belgique disons-nous vit, avec peine et regret, ce beau nom servir d'enseigne commerciale à la nouvelle entreprise Langrand-Dumonceau.

Outre l'échec moral que subissait la Banque générale, à son avénement, elle n'avait pas réuni de nombreux souscripteurs. Cependant l'honneur du financier belge, qui avait lancé cette société, ne permettait pas que l'on reculàt. Après avoir cherché à s'attacher les sommités de l'industrie et avoir même tenté de débaucher les hommes les plus marquants de l'administration de l'État, on composa tant bien que mal un comité directeur. Ce fut un agent de change, homme parfaitement posé, du reste, à la Bourse, qui fut appelé à présider à d'autres spéculations, à des spéculations immobilières et industrielles, M. Rod. Coumont.

Pendant quelques mois, — la Banque générale fut fondée en janvier 1865, — on n'entendit point parler d'elle. Un esprit plus sage, plus économe, semblait présider à ses opérations ou à son organisation. L'on prit la résolution de supprimer, provisoirement, une partie des gros traitements des membres du conseil d'administration. L'on fit même courir le bruit que la nouvelle institution se séparait de M. Langrand-Dumonceau (1). Mais on eut peine à croire que le président du conseil n'eût pas voix au chapitre, et quelques personnes disaient que la séparation n'était

---

(1) On assure maintenant, d'une façon très-catégorique, que M. Langrand a donné sa démission de président du conseil, ne se réservant que les droits de fondateur.

qu'une feinte, imaginée pour ne pas voir envelopper la
Banque générale dans le discrédit où tombaient déjà
les autres institutions du financier belge.

Quoi qu'il en soit, la Banque générale chercha
modestement et même péniblement son chemin, faisant par-ci, des opérations de banque, escompte,
prêts sur dépôts, comptes courants, par-là, quelques
affaires industrielles et commerciales ; elle spécula
surtout en terrains dans quelques grandes villes, prit
part à la formation de sociétés immobilières en province et à l'étranger, et s'est surtout occupée, dans
ces derniers temps, de l'affaire des terrains d'Anvers.
Nous attendrons le premier bilan qui sera présenté à
l'assemblée générale des actionnaires, obligatoire
dans les six derniers mois de l'année courante, pour
nous former une idée exacte et du genre d'opérations
et de la façon de les traiter de la Banque générale.
Disons que la Bourse, n'a pas jusqu'à ce jour, fait un
accueil bien chaleureux à cette société, dont les actions sont enferrées dans les cours de 475, pour les
nominatives et de 165, pour les titres au porteur, libérés de 200 fr. Sans vouloir préjuger du véritable
mérite de cette société, nous dirons cependant qu'elle
éparpille trop ses forces et ses ressources et que ses
entreprises nous semblent être au moins trop hâtives
et trop chanceuses.

CHAPITRE VI.

La Banque internationale de crédit agricole.

La nouvelle école financière, dont nous nous occupons, a un procédé, qui lui est propre, c'est de faire précéder chacune de ses créations par un exposé théorique, de chercher à catéchiser le public avant de faire appel à son concours pécuniaire. La chose n'est pas difficile depuis que l'on voit siéger, dans les conseils de M. Langrand-Dumonceau, des professeurs, des docteurs *in utroque*, à côté de diplomates émérites et de politiques en disponibilité. Moins les institutions nouvelles ont de raison d'être, moins elles ont de chances de recevoir bon accueil, de la part des rentiers et plus on cherche à endoctriner ces derniers. Ce n'est pas ainsi que les choses se passent quand il s'agit d'établir une société réclamée par les besoins sociaux; les parties contractantes, c'est-à-dire le public actionnaire, d'une part, et les entrepreneurs d'autre part, n'ont que faire de ces longs préliminaires, ils s'entendent à demi-mot et l'affaire est conclue.

A en juger par la beauté exceptionnelle du programme théorique de la Société internationale de crédit agricole, aux développements que l'on a donnés, à cette pièce, nous nous sommes dit qu'il devait y avoir de bien grandes difficultés à lever, des résistances extraordinaires à vaincre de la part de l'opinion. Presque tous les journaux, même les journaux d'affaires, ont été séduits par le charme des théories économiques de M. Langrand-Dumonceau. Nous devons dire cependant que le public, déjà un peu prévenu par la déconvenue de la Banque générale, n'a pas répondu aux flots d'éloquence des promoteurs de l'Agricole, en apportant de nouveau, étourdiment, ses économies à cette société comme il l'avait fait pour l'Industriel et l'International. Il se trouvait un peu dans la position de ce rat de Lafontaine, qui ayant perdu sa queue à la bataille, envisage froidement la nouvelle transformation de Rodilard :

> « Ce bloc enfariné, ne me dit rien qui vaille,
> S'écria-t-il, de loin au général des chats.
> Je soupçonne dessous encore quelque machine,
>   Rien ne te sert d'être farine ;
> Car quand tu serais sac, je n'approcherais pas. »

Cependant, aux séductions de l'éloquence économique des hérauts de la nouvelle institution, qui était une institution princière, conçue dans la pourpre des palais du prince de Tour et Taxis, née sur le sol financier de Londres et que l'on avait apportée, dans nos bonnes terres flamandes, pour l'y mettre en nourrice et l'élever dans les saines traditions, à toutes ces séductions venaient se joindre d'autres attraits encore.

On remarquait sur la tête de l'enfant une couronne tressée par la main du dieu du commerce, une magnifique prime de 127 fr. 50 c., auréole de crédit. Malheureusement, des gens sceptiques, des Huguenots, à coup sûr, car il y en a eu dans le temps, en Belgique et il y sera resté un petit grain de cette pâte hérétique, ont voulu examiner, de plus près, la royale layette, et, l'on a vu avec stupéfaction que les perles de la couronne n'étaient que des faux brillants, comme du stras du Rhin, et que le métal était d'un titre inférieur, quelque chose comme de la monnaie d'argent de Prusse, qui n'a pas 9/10 de fin comme le franc belge. C'est qu'ils sont compétents les consommateurs protégés, comme on l'est chez nous, par les lois du 19 brumaire an VII et du 14 septembre 1814 sur les matières d'or et d'argent. Et puis, le dividende de 10 p. c. du Crédit foncier international, qui n'était que de l'oripeau, avait donné l'éveil.

A cette découverte, aux justes soupçons du public, en présence de toutes ces entreprises gigantesques se succédant sans trêve ni merci, avant qu'aucune d'elles ait fait ses preuves, une circulaire, en date du 3 octobre dernier et relative à la souscription, vint achever de désiller les yeux et de montrer le fond du sac ou du bloc enfariné, dont parlait le personnage cité tantôt. Mais procédons méthodiquement et exposons d'abord, sérieusement, la constitution, le but et le capital de la nouvelle entreprise.

La Banque internationale de crédit agricole a pour fondateur principal M. Langrand-Dumonceau, mais escorté, cette fois, d'un groupe de financiers, pris en partie dans un autre pays ; c'est le premier anneau de la chaîne d'institutions que nous promet la mystérieuse fédération foncière allemande, dont il est parlé, pour la première fois, dans une circulaire de juillet 1865. Le conseil d'administration se composait de M. le comte de Doernberg-Herzberg, chambellan de S. M. le roi de Bavière, à Ratisbonne ; M. le comte de Doernberg, chambellan au service de S. M. l'empereur d'Autriche ; M. le baron de Gruben, conseiller intime de S. A. S. le prince régnant de La Tour et Taxis, à Ratisbonne ; M. E. Mercier, ministre d'État, ancien ministre des finances, à Bruxelles ; M. le comte de Liedekerke-Beaufort, membre de la Chambre des représentants, à Bruxelles ; M. le comte D'Hane de Steenhuyse, propriétaire, à Bruxelles et de M. Langrand-Dumonceau, qui était non-seulement administrateur-délégué, mais encore président du conseil d'administration, fonctions assez peu compatibles, semble-t-il. Dans l'International M. Langrand était simplement administrateur-délégué et dans la Banque générale, rien que président du conseil.

L'école financière dont il s'agit, ne procède que par surprises, comme dans certains magasins de bimbeloteries. Au mois de septembre dernier, lorsque l'on s'attendait à recevoir le bilan du Crédit foncier international, avec une légitime curiosité, l'on ne fut pas peu étonné de voir, quelques jours avant la réunion des actionnaires de cette société, les journaux aux gages de M. Langrand — et ils sont nombreux — recommencer une réclame à tout rompre en faveur de la nouvelle institution qui nous tombait des nuages de la Germanie. C'était une façon assez adroite de distraire les esprits des piètres résultats du premier exercice de l'International ; et puis un nouveau rouage, une nouvelle société à qui l'on pût endosser les soldes et papiers déjà très-encombrants des autres institutions sœurs, était devenue de toute nécessité. On imagina donc la Banque internationale de crédit agricole, qui faisait double emploi avec la Banque générale pour favoriser l'agriculture et les travaux publics, au capital de 300 millions de francs, créée, huit mois auparavant.

La nouvelle société, à responsabilité limitée, fut enregistrée à Londres, le 5 septembre 1865. Elle était seulement au capital de cent millions de francs, divisé en 400,000 actions de 250 fr. chacune. Une partie du capital soit 40 millions, représentés par 160,000 actions nominatives entièrement libérées, étaient souscrits par les fondateurs. Le restant, soit 60 millions de fr., devait être successivement placé en actions entièrement libérées, dans les différents pays où la société établirait des administrations ou banques locales de crédit agricole.

Sans savoir si le besoin s'en fera sentir partout, les nobles fondateurs de la Banque internationale de crédit agricole que, pour abréger, nous nommerons simplement l'Agricole, ont résolu de fonder une succursale ou banque locale dans toute circonscription de 100,000 à 400,000 habitants. Il y aura, à la tête de chaque succursale, un directeur, plusieurs administrateurs et conseillers, un personnel de 20 à 30 agents placés dans les principales communes ; « les administrateurs seront tous choisis parmi les notabilités les plus capables et les plus influentes de leur arrondissement, » dit la circulaire du 8 septembre 1865. Tout cela sent furieusement la théorie germanique pure, accompagnée d'une forte dose de prétentions.

Nous convenons que le Crédit agricole est loin d'être organisé. Quoique la loi hypothécaire ait déjà frappé d'un et même de plusieurs priviléges en faveur du propriétaire du fond et d'autres créanciers, le mobilier et le matériel d'exploitation, récoltes pendantes, etc..., il ne serait pas impossible, nous devons en convenir, de donner du crédit à des agriculteurs besoigneux rien que sur le surplus de leur matériel et récoltes, non grevés et même sur leur simple solvabilité personnelle (1). Mais c'est là une œuvre à laquelle on ne doit procéder qu'avec circonspection. Lorsque la Banque Nationale, la Société Générale ou une entreprise industrielle ou une grande maison de commerce fondent une succursale, une agence, un magasin en province, dans une circonscription de 100,000 à 400,000 âmes, comme l'Agricole le décrète à *priori*, toutes ces institutions ont soin de ne le faire qu'à bon escient et après avoir bien examiné s'il y aura de la clientèle solvable. Une

(1) Sans admettre entièrement les opinions émises par M. Raoul Boudon (*La Vérité sur les institutions de crédit privilégiées en France*, p. 199) et par l'auteur des *Considérations économiques et financières sur les ressources de l'empire d'Autriche* (p. 10), sur le crédit agricole, nous croyons qu'il faut se garder d'autre part d'un optimisme dangereux en affaires. Le premier dit : « Le crédit sous forme d'escompte, ne peut convenir en aucune façon à l'agriculture ; par conséquent il doit être éliminé des opérations du Crédit agricole, d'autant plus que toutes les banques actuelles d'escompte suffisent à tous les besoins du commerce...

» Maintenant le Crédit agricole peut-il, à lui seul, offrir assez d'aliments pour une institution, une société spéciale ? Nous ne le pensons pas. Nous croyons même que, pendant longtemps, les bénéfices de ce genre de prêts ne pourraient rémunérer convenablement un capital de garantie qui devrait avoir nécessairement une certaine importance au début. »

Le second écrivait dans la brochure citée tantôt et qui obtint l'approbation de M. Langrand-Dumonceau, si elle ne fut pas composée à son instigation : « En France et en Belgique, si beaucoup de propriétaires sont obérés, *ce n'est pas la faute de facilité à réaliser des emprunts*. Leurs dettes ont une autre cause. Chacun veut posséder... Le paysan achète à tout prix... En Autriche, le propriétaire qui emprunte, s'enrichit. Chez nous, on voit trop fréquemment des propriétaires engloutir dans leurs immeubles des capitaux empruntés à 4 et à 5 p. c., alors qu'il est notoire que les revenus du sol atteignent rarement 3 p. c. et restent généralement bien au-dessous de ce chiffre. »

maison de banque, soucieuse de faire fructifier les
capitaux qui lui sont confiés, n'ira pas les immobiliser
dans des prêts, parmi des populations pauvres, insol-
vables, dans les montagnes de Savoie, dans les ma-
rais de Rome ou les fanges de l'Ardenne? Comme une
maison de commerce de la Cité de Londres n'ira pas
non plus établir des succursales ou faire des débal-
lages chez les Esquimaux du Groenland ou chez les
Patagons du détroit de Magellan. Pour l'Agricole on
a suivi une tout autre économie financière ; elle est
sortie armée de toutes pièces, de la tête de M. Langrand comme cette déesse antique, du cerveau de Ju-
piter.

Le mieux serait d'organiser ou de laisser s'organiser
des mutualités agricoles qui viendraient escompter à
un grand établissement central, le papier des cultivateurs reconnus honnêtes et solvables pour un remboursement à trois mois, ou à plus longue date, mais
n'offrant, en tous cas, de danger pour la Banque de
crédit. Et alors, on n'aurait pas besoin de tous ces
frais d'établissements locaux. On assure que les ap-
pointements des employés des succursales de l'Agricole s'élèvent déjà à un chiffre énorme ; et qu'il y a
des directeurs, de province, émargés au compte des
frais généraux, pour des émoluments plus élevés que
ceux que la Banque Nationale ne donne, à son gouver-
neur ou l'État, à ses ministres. C'est toujours le même
gaspillage des derniers des actionnaires ; on ne sait
pas faire les choses économiquement dans les bureaux de M. Langrand-Dumonceau et comme cela se
pratique dans les autres sociétés et maisons de banque
belges.

Nous ne croyons donc pas aux prospectus et circulaires qui ont fait connaître l'Agricole ; nous ne croyons
pas que l'on veuille sérieusement apporter des capi-

taux à l'agriculture de notre pays, par la seule raison,
que les princes allemands, de la fédération foncière,
les nouveaux associés de M. Langrand, qui peuvent
si facilement faire 20 p. c. de bénéfices dans les entreprises foncières, en Autriche, ne viendront pas
s'amuser à prêter ici à 5 ou à 6 p. c.

Le programme de l'Agricole est une fausse enseigne ; il ne s'agit pas de procurer des capitaux aux
cultivateurs, mais bien, en réalité, de leur en prendre ; il ne s'agit pas de chercher à améliorer la condition de ces parias du monde économique, comme
s'exprime la circulaire de septembre 1865, en leur
accordant du crédit et les mettant à même de mieux
cultiver, drainer leurs terrains marécageux, etc.,
mais il s'agit bien plutôt de faire le drainage de leurs
économies en leur donnant, en retour de leurs écus,
des actions des sociétés fédérées, et surtout de ces infor-
tunées lettres de gage du Crédit foncier international.

Le magnifique morceau de littérature économique
qui sert de préface aux statuts de la Banque agricole
et qui était destiné à faire avaler agréablement la pilule
des fr. 127 1/2 de primes, imposés d'abord, à leur profit, par les fondateurs, nous révèle en même temps
les véritables intentions du créateur de cette banque.
Jamais, dans les précédents programmes, lettres,
circulaires, prospectus, l'auteur de tant de sociétés
foncières n'avait embelli son style de séductions semblables, d'une telle poésie. Tantôt, le grave financier
varie son discours par la forme dialoguée, tantôt il
sème les pensées sentencieuses et les images les plus
pittoresques ; ainsi, en comparant la merveilleuse fé-
condité des formes que le crédit commercial a prises,
depuis les temps anciens, aux institutions relatives
au Crédit foncier, il s'écrie : « Celles-ci ont, en général, participé des allures de la propriété, et ont eu

une marche lourde et pesante comme le sol lui-même. Cela est surtout vrai en ce qui concerne les propriétés foncières en France, en Belgique et en Hollande. »

Cependant, quand on a lu et relu attentivement la circulaire de septembre dernier, on découvre un fond de mélancolie : la note dominante est plutôt celle de l'élégie que du dithyrambe ; presque chaque strophe, nous voulons dire, chaque alinéa, est suivi du même refrain, de la même idée, à savoir qu'il faut chercher à placer les lettres de gage. La préoccupation constante de l'auteur est même si vive, si pressante qu'il se trahit, en tête du § 3 du chapitre premier, quand il dit :

« Vous me pardonnerez, je n'en doute pas, l'insistance que j'ai mise dans cette partie de mon travail, en présence du but élevé que je poursuis. Je cherche à populariser l'obligation foncière, la lettre de gage, et en cela, je crois servir les intérêts de mon pays et de mes actionnaires. Ainsi je contribue, du moins dans la mesure de mes forces, à jeter dans les masses les saines notions de l'économie politique sur le crédit foncier et à élever la lettre de gage, encore trop peu connue dans certains pays, au même niveau que les fonds publics des États les plus consolidés, niveau qu'elle occupe en Allemagne, où les *Banques de crédit foncier* ont une existence séculaire et où les lettres de gage se négocient à des conditions plus favorables que les meilleurs fonds publics cotés à 4 et 4 1/2 p. c. »

Si nous analysons maintenant quelques passages de la circulaire du 8 septembre, relative à l'Agricole, nous voyons clairement la confirmation de notre proposition, à savoir que cette institution est bien moins établie pour apporter des capitaux à notre industrie agricole que pour y pratiquer, sur une grande échelle, la récolte de nos économies pour les porter en Autriche et ailleurs. Dans une suite d'hypothèses, l'auteur de la circulaire exprime, sous la forme littéraire aimée de Lucien (*Dialogue des morts*), trop ostensiblement ses intentions. En effet, le second cas qu'il prévoit est celui d'un campagnard qui « fait une rentrée de fonds qu'il destine à un achat d'immeubles à faire dans cinq mois. — *L'agent* (dit M. Langrand-Dumonceau) *connaît cette circonstance.* Il va le trouver et lui dit :

« Vous allez laisser cet argent improductif dans votre coffre, et vous subirez une perte d'intérêts de cinq mois. Versez ce capital à la caisse de la Banque locale, et vous profiterez d'un intérêt rémunérateur. Le jour où vous en aurez besoin, il vous sera rendu avec un excédant : c'est comme si vous aviez fait une récolte plus abondante. Si quelqu'un venait vous faire la dernière offre, à coup sûr vous en seriez enchanté, pourquoi refuseriez-vous ma proposition qui tend au même but? »

Dans le cas suivant, il s'agit de mettre la main sur une somme de 20,000 fr. qu'un cultivateur est sur le point de toucher et qu'il destine à un placement solide. Or, l'agent de la Banque connaît cette circonstance, car ces agents là sont des espèces de *solitaires* qui savent tout, qui voient tout, qui entendent tout, absolument comme le héros du bon d'Arlincourt, l'agent, disons-nous, ira d'un air paterne endoctriner le paysan, en lui disant :

« Vous voulez prêter vos 20,000 fr. sur hypothèque. Si vous suivez les errements actuels, vous vous exposerez à tous les inconvénients inhérents aux placements hypothécaires ordinaires. Confiez plutôt votre argent à ma Banque, qui est en rapport avec nos *Banques de crédit foncier*. L'une de ces dernières acceptera votre argent et vous donnera en retour des obligations foncières ou lettres de gage qui ne sont rien autre chose que des titres garantis hypothécairement. Vous aurez un bel intérêt de votre argent et une sécurité que vous chercheriez en vain ailleurs, car les *Banques de crédit foncier* possèdent des créances hypothécaires des plus solides, et les lettres de gage n'en sont que la contre-partie. »

Comment résister à des sollicitations aussi éloquentes? Ces formules, que nous extrayons de la circulaire du mois de septembre, ne sont-elles pas dignes de figurer dans un Manuel à l'usage des agents et courtiers d'assurances et autres. A première vue, on les prendrait pour des commérages économiques, indignes du manifeste d'un chef d'école financière; mais quand on en étudie bien la portée pratique, l'on reste stupéfait de la profondeur des vues de l'auteur.

Ainsi, la Banque internationale de crédit agricole est une machine nouvelle, d'invention anglaise ou germanique, ou simplement de la rue Joseph II, à Bruxelles, destinée, non pas à faciliter les travaux de nos cultivateurs, mais à soutirer leurs épargnes pour remplir les caisses vides des sociétés financières de M. Langrand-Dumonceau, au moyen du placement de la lettre de gage. Eh bien, nous n'avons pas de confiance dans ce placement, quoiqu'il vaille, au dire de la circulaire du 8 septembre, les meilleurs fonds publics, et cela, pour les motifs indiqués p. 142 et suiv. ainsi que ceux que nous avons déduits, dans les articles publiés, en 1864, par *L'Écho de Bruxelles* et ayant pour titre : *Les lettres de gage étrangères et les créances hypothécaires belges* (1). « Puisqu'il est resté dans le cœur des

____

(1) Nous avons reproduit ces articles dans l'*Annuaire financier de la Belgique*, t. I, p. 255 et suiv.

masses, qui épargnent, un sentiment aussi vrai que profond : celui qui leur fait voir dans la *terre le gage* indestructible par excellence, puisque l'expérience prouve que le cultivateur aime surtout à couvrir le fruit de son travail par l'agent qu'il manie tous les jours et auquel il a voué toute son énergie, la *terre*, » nous lui dirons de continuer à mettre ses économies dans les créances hypothécaires anciennes, garanties par un gage sincère, qu'il veut voir et palper, plutôt que de les placer sur les *châteaux en Autriche* ou les *Magasins reunis*, de Paris. Que si l'on craint de voir l'argent frappé d'indisponibilité à cause de la difficulté de la cession de ces créances, nous ferons remarquer que les lettres de gage des sociétés foncières de M. Langrand-Dumonceau ne sont pas plus facilement réalisables, qu'elles ne sont coursables sur aucun marché, et nous doutons qu'elles soient escomptables, à aucun prix, dans les bureaux de ces sociétés. Il reste alors au cultivateur et les fonds de l'État et d'autres valeurs nationales, emprunts des villes, obligations de chemins de fer et même les caisses d'épargnes de la Société Générale, de la Banque Liégoise, des Unions du Crédit, et finalement la nouvelle *Caisse générale d'épargne et de retraite* qui ne se contentera pas, celle-ci, de recevoir le produit de l'épargne, mais qui favorisera encore le crédit en employant à l'escompte les fonds destinés à des placements provisoires.

Nous venons de voir le rôle qui est assigné à l'Agricole, dans la grande *machinery* qui porte le nom d'institutions financières de M. Langrand-Dumonceau.

Les différentes sociétés créées par l'initiative de ce financier sont, sinon solidaires les unes des autres, tout au moins unies par certains arrangements de famille ou, à l'instar de certains industriels qui font une circulation d'effets très-fructueuse pour eux, mais peu profitable à la généralité. Ainsi que nous l'avons vu dans le résumé que nous donnons des différentes institutions de M. Langrand-Dumonceau, depuis les Rentiers Réunis jusqu'à l'Agricole et la Société foncière allemande, toutes s'entendent à merveille, s'entr'aident mutuellement, prennent fraternellement le fardeau l'une de l'autre en se passant les *rossignols* de leurs magasins, nous voulons dire de leurs portefeuilles (1).

Nous disions, dans un article publié par l'*Écho du Parlement*, en date du 6 novembre dernier, en parlant du domaine du baron Sina, en Hongrie : « Si l'on n'a pas pu glisser cette lourde et embarrassante propriété aux mains de l'Agricole, ne lui a-t-on pas imposé la charge d'une partie encombrante du portefeuille de l'International ou de l'Industriel ? R. S. V. P. » Et l'on s'est bien gardé de répondre à notre question. On sait maintenant pourquoi le public a pris vis-à-vis de la dernière entreprise de M. Langrand-Dumonceau l'attitude du personnage de Lafontaine cité plus haut.

Si la Banque internationale de crédit agricole n'est pas une institution sérieuse, viable, son apparition dans la série des institutions de M. Langrand-Dumonceau accuse-t-elle une amélioration, un progrès dans

(1) Il serait intéressant de connaître la convention qui relie la nouvelle fédération allemande aux autres sociétés de M. Langrand, et la part de bénéfices qui lui est réservée pour son concours, si ce sera les 2/3, comme c'était le cas pour l'International vis-à-vis de l'Industriel ou autrement. Il est vraisemblable que les princes allemands, grands propriétaires, ne mettront pas, pour rien, au service de l'Industriel et de l'International leur excellente organisation foncière, dont parle M. Langrand ; « car en affaires, dit à ce sujet une brochure (1re lettre à M. Langrand-Dumonceau par Clément Van Mossevelde p. 3), il est de règle d'estimer les valeurs relatives. »

les idées, le plan d'ensemble, dans le côté moral ou psychologique de ces entreprises. Au début, lorsqu'ils faisaient simplement les assurances sur la vie et qu'ils s'exerçaient aux combinaisons variées du système des annuités dans les Rentiers Réunis, l'Ancre, la Royale Belge et même dans la Banque hypothécaire belge, l'Industriel et l'International, M. Langrand-Dumonceau et ses compagnons affectaient un genre démocratique, par leurs réclames et prospectus qui fait bien dans un pays comme le nôtre. On connaît les refrains, « Opérant chacune de mes émissions au pair, toujours en mains fermes, cherchant surtout des *adhérents* et des *associés* dans le vrai sens du mot... Contrairement aux habitudes suivies par d'autres financiers, j'ai toujours offert au pair les actions qu'émettaient les sociétés fondées par mon initiative. » Ceci se publiait le 26 mai 1864, et quinze mois se sont écoulés à peine, que M. Langrand-Dumonceau oublie son public actionnaire, ses adhérents, ses associés et même l'International, la banque mère, dans les profits à recueillir par l'émission de l'Agricole. C'était plus que de l'oubli, c'était de l'ingratitude; car de son aveu, — voir la circulaire du 8 septembre 1865 — l'International a « contribué dans la plus large mesure à préparer, par l'importance de son capital et de son organisation, les progrès que révèlent la récente constitution de la Banque internationale de crédit agricole et la fondation prochaine de *nombreuses* banques locales de crédit foncier et de crédit agricole. » — Cela promet. —

Peut-être a-t-on payé l'International en passant discrètement un gros paquet des valeurs qui encombraient son portefeuille en chagrin fatigué, dans celui de l'Agricole, vierge et orné d'armes princières ? L'ingratitude est un vice trop odieux pour que l'on admette que le fondateur de l'Agricole s'y soit laissé prendre depuis qu'il fait précéder son nom du titre de comte et qu'il a été admis dans le giron des familles belges et germaniques les plus titrées. Est-ce peut-être pour payer sa bienvenue, et donner des gages substantiels à ses nobles parrains et alliés qu'il leur a abandonné le droit à la souscription intégrale des actions de l'Agricole, que leurs altesses sérénissimes ont de suite enrichies de leur chiffre, surmonté d'une prime, variant de 125 à 135 fr. ? Cette concession faite à l'appétit germanique pourrait être fatale à la négociation de ces titres sur la place de Londres, siége « enregistré » de l'Agricole ; car si le *Stock Exchange* ne montre pas la même complaisance pour leurs altesses fondatrices de l'Agricole que l'a fait M. Langrand, il défendra la cote aux actions de cette société. On sait qu'il prend impitoyablement cette mesure quand, dans un but de spéculation (1), sur des titres, l'on n'en fait pas la répartition.

Une innovation de l'Agricole que l'on ne trouvera pas non plus démocratique, c'est que pour avoir droit de voter aux assemblées générales (art. 58 des statuts), il faut être propriétaire d'au moins 400 liv. st. (10,000 fr.) en actions de la Compagnie, soit le double de ce qui est exigé par la plupart des sociétés belges et par les autres sociétés émises sous la raison sociale Langrand-Dumonceau. Il ne convient pas que leurs altesses sérénissimes de l'Agricole soient exposées à se trouver mêlées à un petit peuple d'actionnaires.

Quant aux droits des fondateurs, ils sont incomparablement plus élevés que les droits similaires de l'Industriel et de l'International, et les frais généraux de gestion sont, en somme, les plus considérables de

____

(1) Voir la correspondance de *L'Union financière* du 22 octobre 1865. La nouvelle décision prise en janvier 1866 par le *Stock Exchange* n'a pas modifié ce règlement au fond.

toutes les sociétés précédentes, même de l'Industriel, quoique celle-ci soit une commandite où la responsabilité des gérants est autrement sérieuse que dans l'Agricole, société à responsabilité limitée.

En résumé, la Banque internationale de crédit agricole s'offre à nous comme une vraie énigme dont nous attendons le mot dans le premier bilan ; malheureusement nous n'aurons ce bilan que dans le courant de 1868, puisque l'art. 136 des statuts déclare que le premier exercice ne sera arrêté qu'au 31 décembre 1867. Or nous savons quel temps moral est nécessaire aux bureaux de M. Langrand pour fabriquer un bilan et un rapport. Il a fallu plus de huit mois pour le premier bilan de l'International.

QUATRIÈME PARTIE.

LES AUXILIAIRES DES INSTITUTIONS LANGRAND-DUMONCEAU.

Lorsque les hommes commercent entre eux et notamment quand les entrepreneurs d'affaires financières s'associent avec le public actionnaire, il conviendrait que les deux parties contractantes le fissent en pleine connaissance de cause, comme il sied à des êtres intelligents et doués de moralité. Malheureusement presque tous ces contrats sont boiteux, comme disent les auteurs, en ce sens qu'il n'y a le plus souvent, surtout en matières de sociétés financières, de valeurs de bourse, qu'un seul des deux contractants qui sache parfaitement ce qu'il fait, quand il se débarrasse de son papier pour *mettre dedans*, suivant un terme usité, l'imprudent acheteur. Aussi, depuis longtemps, c'est

dans l'autre règne, celui où l'homme exerce sa supériorité, son intelligence, en tendant impunément
des piéges aux habitants des eaux, par les mille
moyens inventés pour les prendre à l'hameçon
ou dans les mailles d'un filet, ou bien aux habitants ailés des campagnes, par les habiles piéges
tendus à leur convoitise, qu'il nous faut aller chercher les expressions les plus vraies, les plus sen-
sibles de la manière dont se font les contrats
d'association entre les hauts financiers et les rentiers trop confiants et désireux d'obtenir de gros
bénéfices. Les expressions *chantage* (1), *donner
dans le panneau*, sont bien plus connues au sens
figuré, qu'au sens propre, à cause du fréquent emploi que les hommes font entre eux de moyens
hostiles, qui n'étaient destinés que pour prendre
les animaux.

Lors donc que l'on fait appel aux capitaux et
surtout aux épargnes des classes laborieuses, des
cultivateurs économes mais illettrés, on oublie
trop les devoirs de l'humanité, pour chercher à
les attirer dans des entreprises mauvaises, par des
procédés empruntés à ceux que nous venons de
citer. L'appât souverain est le gros bénéfice ; mais
afin que le menu fretin ne s'en défie pas, on l'entoure de tout ce qui peut l'attirer invinciblement,
de tout ce qui a pour lui un attrait irrésistible. On

______

(1) « Pèche, dans laquelle on fait du bruit pour engager le pois-
son à donner dans les filets, » Bescherelle, v° Chantage.

fait parler les journaux, parce qu'il est encore admis, dans certains cantons, que les *papiers publics
ne mentent pas : c'est écrit*. Et puis, ce qui est
plus perfide encore, c'est quand on se sert d'en-
gins sacrés, dont le public ne se défie pas, comme
la recommandation du prêtre : c'est là ce qu'on
pourrait appeler la pêche de nuit, au plomb ou la
tenderie au miroir ; ce sont les plus perfides. Enfin, l'on a recours à la glu de la politique et l'on
voit l'actionnaire se percher, sans défiance, mais
pour son malheur, à côté des hommes les plus
considérables d'un pays, ceux qui siégent dans
les assemblées législatives, qui ont occupé les plus
hauts emplois, ceux qui font même partie des
conseils de la couronne.

CHAPITRE I.

La publicité mercantile.

Pour le mercantilisme, la presse belge est encore bien arriérée. Un financier du beau pays de France se plaignait, il y a un an, des difficultés qu'il rencontrait pour *lancer* une affaire en Belgique : « A Paris, disait-il, je puis, en moins de deux heures, m'assurer du concours de toute la presse, aussi bien des départements que de la capitale; je n'ai pour cela qu'à me rendre aux bureaux d'un ou deux grands fermiers d'annonce. » Et après avoir fait tous les journaux de Bruxelles et avoir circulé à Anvers, à Liége, à Gand et ailleurs, notre financier déclara que nous n'étions pas *organisés*, que nous étions bien en retard (1). Les

(1) Dans un article, écrit avec cette verve et cette connaissance ap_ profondie qu'il apporte presque toujours dans ses travaux, le directeur de *La Finance*, jette une espèce de cri d'alarme sur les dangers que présente l'organisation actuelle des journaux français au point de vue de l'annonce financière. D'après un traité advenu entre ces principaux journaux, tout négociant, financier qui ne consent pas à faire insérer son annonce, sa réclame dans tous les journaux cédés aux

journaux ne sont pas richement dotés, chez nous, et
bien peu enrichissent leurs entrepreneurs. La publicité figure à la colonne des profits et pertes du bilan
de plus d'un homme politique, ou bien est subsidiée
par les fonds disponibles de l'épiscopat ou bien par les
littérateurs rentés, qui ont le goût de se faire impri-
mer. Il y a bien l'un ou l'autre journal quotidien, qui a
trouvé de riches commanditaires et que l'on exploite
financièrement, mais c'est l'exception. Quelle différence avec l'*organisation* du journalisme français. Là,
les actionnaires d'un grand journal reçoivent de
beaux dividendes, tant par la recette que procure la
quatrième page, celle des annonces, que par celle
des autres, consacrées pour une bonne part, à la
réclame. Et que l'on ne croie pas que la réclame
prenne toujours une tournure franche, une modeste
place parmi les *faits divers*; elle se faufile jusque dans
la prose artistique du feuilletoniste. Quand un financier veut pratiquer efficacement la pêche des actionnaires, que le dictionnaire nomme le *chantage*, il a
soin de se gagner, non-seulement le fermier d'annonces par tant la ligne, mais il doit encore s'assurer
du directeur politique, puis de la rédaction en masse

mêmes fermiers, doit payer 50 et 100 p. c. de plus. C'est ce que *La
Finance* traite de coalition et le signale au gouvernement, qui ne
tolère pas qu'un même rédacteur accapare la direction politique de
plusieurs journaux et qui ne devrait pas plus tolérer qu'un fermier
exploitât les annonces de plusieurs journaux. « Vingt journaux quo-
tidiens se publient à Paris, ajoute *La Finance*. Ils sont tous *enrôlés*
contre la Banque de France. *Le Constitutionnel* fait seul exception...
Aujourd'hui, tout journal politique de quelque couleur qu'il soit,
conservateur, catholique, impérialiste, républicain, Saint-Simonien,
ou orléaniste est avant tout une boutique de lignes à vendre. L'opinion du journal joue le rôle d'une enseigne destinée à grouper des
clients. Rien de plus. » « Sous le régime actuel de la presse française, un journal ou un débit de tabac, c'est tout un. »

et des critiques littéraires, musicaux et autres, afin que ces derniers ne nuisent pas à son entreprise, par quelque méchante figure de rhétorique, à son adresse. On assure qu'il s'est trouvé, en France, des feuilletonistes ayant pour spécialité les arts, la musique, et qui se sont enrichis en *faisant l'article* pour messieurs les financiers, ou simplement par leur silence. Nous n'inventons pas. Le *Journal de la Loire*, du 9 ou du 10 décembre dernier, ose accuser ses confrères de mercantilisme et de vénalité, sans que personne lui réponde. La *Finance*, journal français, imprimé en Belgique, et peut-être le mieux renseigné de tous les journaux financiers, après l'*Économist* anglais, déplore l'état de la législation de la presse en France, au point de vue des affaires ; elle disait, le 28 décembre dernier : « Le jour où les journaux seraient admis à faire la preuve, non *contre les personnes*, mais *contre les sociétés*, ce jour-là, les actionnaires français seraient aussi bien éclairés sur leurs affaires par leurs journaux, que le sont les actionnaires anglais et belges sur leurs affaires, par leurs propres journaux. »

Nous croyons que la presse a assez bien conservé, dans notre pays, les traditions que nous ont léguées nos pères, en 1830, et que si elle a reçu quelques entorses, dans la lutte que lui livre le mercantilisme, elle répond cependant aux aspirations, à la moralité et aux besoins d'une nation réputée pour son constitutionalisme sincère et honnête. Ce n'est pas ici qu'un feuilletoniste s'enrichira, en faisant ou même en ne faisant pas l'article, ou des mots, sur une entreprise commerciale ou financière ; ce n'est pas en Belgique, que les compagnies de chemins de fer obtiendront la complicité du silence, pour les accidents provenant de la négligence des employés. Mais aussi les journalistes n'ont pas ici comme ailleurs des cartes de circulation. Nous devons cependant ajouter que notre presse se trouve un peu amoindrie moralement, depuis qu'elle a été victime des pratiques de l'école financière, dont nous nous occupons dans cet écrit.

Si M. Langrand-Dumonceau n'avait fait que d'user largement de la presse, comme c'était son droit, nous n'aurions rien à lui reprocher. Mais il a voulu perfectionner l'annonce et la réclame, à la façon française ; et c'est contre cette contrefaçon que nous nous insurgeons. « S'il y a quelquefois de l'inconvénient à trop discuter, dit-il, après M. Léonce de Lavergne, il y en a encore plus à ne pas discuter assez. »« J'appelle donc la discussion, s'écrie-t-il dans ses *Notions pratiques.* » C'est ce qu'affirme aussi M. Brasseur; et nous le croyons. M. Langrand-Dumonceau en a usé par devers et contre tous, tant et si bien qu'il se fait prendre à tout moment dans ses propres publications, On dirait quelquefois qu'il a mal compris ou interverti l'adage ancien qui veut que les paroles s'envolent tandis que les écrits restent.

Au début de ses opérations foncières proprement dites, il se fait précéder par deux brochures qui traitent à fond ses futures opérations, la première : *Les Considérations économiques et financières sur les ressources de l'empire d'Autriche*, publiée en 1862, et la seconde : *De la lettre de gage ou obligation foncière*, en 1863.

Après avoir pris de haut et en se servant de plumes savantes, les idées nouvelles sur le crédit foncier qu'on voulait populariser en Belgique, on chercha à organiser, en 1863, lors de la création de la Banque de crédit foncier et industriel, et en 1864 à la fondation du Crédit foncier international, la presse belge à la façon de Paris. On fit insérer dans chaque journal de Bruxelles et de la province, de longues circulaires et prospectus aux prix forts des *réclames* et l'on y ajouta, un surplus, en dehors des conventions, et que la loi civile déclarerait être *sans cause*. Comme nos innocents journaux ne pensaient pas à mal, et que d'ailleurs la prose qu'on leur livrait pour leur première page, respirait un air charmant de conviction et de sincérité, l'on prit fait et cause pour l'entreprise même. L'on vit les journalistes, séduits par tant de bonnes façons, se mettre *à faire l'article* du haut du journal confié à leurs soins. Comme l'on avait toujours, jusqu'ici, dans la lutte que se font les partis politiques en Belgique, respecté les lois de la guerre, en ne recourant pas à des pratiques de contrebande, l'on vit les journaux libéraux aussi bien que les organes du parti conservateur, faire chorus en faveur des institutions financières de M. Langrand-Dumonceau. Il n'y a que l'*Écho du Parlement*, l'*Écho de Bruxelles*, le *Journal de Liége*, le *Précurseur*, l'*Escaut* et quelques journaux avisés, qui soupçonnèrent dessous ces belles circulaires, si grassement payées, quelque machine et qui refusèrent l'insertion. Les journaux financiers, les premiers, donnèrent dans le panneau de la façon la plus complète, le *Moniteur des intérêts matériels* et la *Finance*, qui firent des articles superbes. Le premier obtint même la faveur d'être donné en prime par M. Langrand-Dumonceau, aux actionnaires de la Banque du crédit foncier et industriel, ainsi que cela ressort d'une circulaire du 6 janvier 1864. L'*Union financière*, qui fit mine, un instant, lors de la création de la colossale Banque générale des travaux publics et de l'agriculture, de combattre les institutions de M. Langrand-Dumonceau, s'est adoucie depuis, et publie également les communications de ce financier. Nous devons, pour être juste, ajouter que, depuis l'emprunt romain, cette opération éminemment anti-financière, le *Moniteur des intérêts matériels*, est devenu extrêmement réservé à l'endroit des institutions Langrand-Dumonceau, et que l'*Union financière* ne s'en est jamais montrée un chaud partisan. En annonçant le Crédit foncier international, le premier de ces journaux disait qu'il s'agissait de la rénovation de la richesse publique, par le crédit foncier (numéro du 10 janvier 1864). « Il s'agit là s'écriait la *Finance* du 14 avril, même année, d'une des plus puissantes entreprises de l'époque ; il s'agit là surtout d'une affaire où tout est net, bien défini, d'une affaire où se concentrent toutes les qualités de clarté, de probité et de scrupuleuse prévoyance que les financiers de la Cité recherchent avant toute chose...

« Dans le groupe des institutions foncières de M. Langrand-Dumonceau, tout se tient, rien ne se confond. Il y a *solidarité de crédit* entre tous les éléments sans qu'il y ait *solidarité de risques*... C'est à notre avis le comble de l'habileté et de la prudence en matière de finance que d'être arrivé à ce résultat par l'application pure et simple, si je puis m'exprimer ainsi, du fécond axiome de la division du travail.

» M. Langrand-Dumonceau, l'homme qui a le mieux étudié, en Europe, par expérience pratique, les diverses et multiples questions relatives à la propriété dans les États du centre du continent, etc., etc., etc. »

Pour donner une idée du lyrisme de quelques journaux au sujet des institutions Langrand-Dumonceau, nous citerons encore la manière avec laquelle ils annoncèrent, en septembre 1865, la création de la Banque internationale de crédit agricole. Une circulaire ou plutôt un traité sur le crédit foncier et agricole, avait été envoyé aux journaux pour être inséré en réclames, et la plupart annoncèrent celte pièce de la façon suivante :

D'après l'*Indépendance belge*, c'était « un travail remarquable dont la publication ne manquera pas de faire sensation et que l'on peut considérer comme l'un des meilleurs qui aient paru, dans ces derniers temps, sur cette matière » (le crédit foncier et le crédit agricole). Le *Journal de Bruxelles* et les journaux catholiques, à l'exception du *Bien public*, reproduisirent la magnifique leçon d'économie politique, en l'accompagnant de commentaires capables de faire rougir l'auteur de modestie. L'*Étoile belge*, qui s'efforce de placer M. Langrand-Dumonceau parmi les astres du monde financier, trouve que c'est la meilleure réponse à ceux qui prétendent que la plupart des sociétés, lancées sous la même raison sociale, ne sont qu'un greffage de l'une sur l'autre.

L'*Office de Publicité* semble renchérir sur tous les autres organes par son admiration ; il s'écriait, le 17 septembre, en annonçant « une des plus grandes entreprises conçues par M. Langrand-Dumonceau :

« S'il appartenait à un financier habile de concevoir d'aussi vastes plans, il n'était donné qu'à un homme d'une grande valeur de les mettre à exécution avec une si grande énergie et surtout avec un aussi rare bonheur. Nous croyons qu'on ne saurait donner trop de publicité à certaines idées que l'ignorance et les préjugés ne veulent pas même discuter, mais qui sont cependant appelées tôt ou tard à amener un changement radical dans notre bien-être et dans la richesse publique, en rendant productives une foule de forces jusqu'à présent restées stériles faute de ressources nécessaires pour les faire fructifier. »

Nous défions qu'on nous cite une autre entreprise que les institutions Langrand-Dumonceau qui ait été recommandée aussi vivement, aussi unanimement, par les journaux en Belgique. Et comme ces institutions sont plus ou moins internationales, on a usé des mêmes moyens de publicité en Angleterre, en Hollande, en Autriche et même en France. *L'Économist* anglais, les *Deux-Mondes*, le *Mémorial diplomatique* et jusqu'au *Figaro* de Paris ont été les hérauts de ces institutions. Nous n'avons pas parlé des journaux satiriques et drôlatiques de notre pays que M. Langrand a su gagner à sa cause, le *Sancho*, les *Marionnettes*, le *Grelot*, le *Chérubin* et d'autres. Nous ue pouvons résister au plaisir de citer un passage du *Sancho* du mois de septembre 1865, traitant de la fameuse circulaire sur l'Agricole ; c'est véritablement le bouquet :

« Toute la presse belge a reproduit le beau travail de M. Langrand ; nous n'avons donc pas à y revenir, nous avons seulement voulu constater une chose : c'est que grâce à M. Langrand, le voile mystérieux, qui environnait les combinaisons financières, est tombé et que le plus simple cordonnier pour dames ou le plus modeste fabricant de trous pour écumoires, en sait, grâce aux explications claires, nettes, loyales de M. Langrand, aussi long et aussi large sur les opérations de la finance belge que s'il était membre du conseil d'administration. Jeter la lumière dans les esprits, dédaigner le charlatanisme des grands faiseurs français, mettre à la portée de tous le mécanisme et les ressorts de ces grandes machines qui fonctionnent si admirablement sous les yeux de M. Langrand, c'est là un coup de maître et qu'une intelligence médiocre n'eût jamais osé concevoir. »

Tant que l'on n'était que dans la période d'organisation et des promesses, l'on n'a pas lésiné sur les frais de publicité ; mais depuis que nous avons des bilans et des rapports sur les opérations, l'on commence à être plus discret. Nous avons vu avec quelle parcimonie l'on nous a accordé des renseignements sur les domaines achetés et revendus en Autriche. On est bien loin de l'époque où un commissionnaire de place distribuait aux passants les brochures renfermant les prospectus et circulaires des sociétés Langrand-Dumonceau !

La presse de notre pays aura fait une triste école au sujet des entreprises Langrand-Dumonceau ; mais il y a à plaider largement, en sa faveur, les circonstances atténuantes. Si la plupart des journaux qui ont accepté les insertions si magnifiquement payées par M. Langrand se sont crus liés comme par une sorte de convention tacite, par une réciprocité de bons procédés à ne pas l'attaquer, il faut dire qu'ils ont contracté sans bien savoir à quoi ils s'engageaient. Ils ont été l'objet d'une surprise ; on les a pris en traître par la porte de derrière de la page d'annonces et de la réclame ; car, jamais ils n'auraient donné autrement le spectable d'une défaite morale, d'un aplatissement pareil. A l'avenir, nous en répondons, ils seront plus circonspects, ils imiteront la prudence de l'*Écho du Parlement*, du *Bien Public*, du *Journal de Liége*, ou bien de l'*Uylenspiegel*.

Depuis que l'*Office de Publicité* a été chargé du soin de faire insérer les réclames des sociétés Langrand, dans les divers journaux du pays, avec 50 p. c. de rabais au profit bien intendu de ce fermier d'annonces, il n'y aura, sans doute plus tant d'empressement, de la part de la presse à célébrer les institutions financières de la même école. Quant à l'*Office*, on a vu plus haut avec quelle énergie son journal atteste l'excellence de ces institutions.

Nous regrettons sincèrement la faute commise en

cette circonstance par la presse de notre pays, parce
que, chez nous, l'on peut bien dire, de cette dernière
qu'elle est l'un des grands pouvoirs de la nation.
Quand il y a majorité dans les journaux, il doit y avoir
majorité dans les Chambres ; un parlement qui ne
serait pas en harmonie avec la presse, ne serait plus
l'expression de la volonté du pays ; il serait impossible. Que l'on essaye de gouverner la nation en dépit de l'opinion et l'on verra. Et plus l'éducation
publique s'étendra, plus l'influence du journalisme
croîtra ; c'est de toutes nos libertés la plus précieuse ;
elle est la mesure et la sauvegarde de toutes les autres. C'est en raison de son importance et du rôle
qu'elle est appelée à remplir, depuis que tous les intérêts politiques, commerciaux et financiers ont recours plus fréquemment à elle, qu'il importe qu'elle
garde la pureté, la moralité des premiers temps de
notre indépendance et l'honnêteté que l'on doit lui
reconnaître encore (1). La presse est appelée à jouer

(1) Tout ce qui touche aux prérogatives de la presse est important. C'est à ce titre que nous mentionnons un fait que nous trouvons
dans *les Marionnettes* de novembre 1865. L'éditeur de cette publication, informé, dit-il, que des voyageurs demandaient quelquefois
les Marionnettes dans les stations des chemins de fer, écrivit à M. le
directeur des chemins de fer de l'État, pour qu'il autorisât les marchands de journaux à vendre également dans les gares, sa publication. Au nom du ministre des travaux publics, dit le requérant,
M. Fassiaux, directeur général lui envoya la dépêche suivante :

« Bruxelles, le 26 octobre 1865.

» Monsieur, en réponse à votre lettre du 15 de ce mois, j'ai l'honneur de vous faire connaître qu'à la suite d'une adjudication publique, MM. Lebègue et Cᵉ, Montagne de la Cour, 59, à Bruxelles,
sont devenus *concessionnaires du droit* de vendre des livres, etc.
dans les stations du chemin de fer de l'État.

» Agréez, etc. »

Nous doutons que la Cour de cassation ratifiât une pareille doctrine. Nous croyons bien plutôt qu'elle stigmatiserait ce trafic d'une

chez nous le rôle du chœur antique calmant et éclairant les citoyens. L'on pourrait dire, d'elle aujourd'hui, avec plus de vérité que du prêtre même, ce que le Christ disait de ses disciples : « Vous êtes le sel de la terre, » ou bien encore « le feu sacré du temple. » Malheur donc à celui qui cherche à corrompre le sel ou à éteindre le feu sacré.

Ce ne sera pas un des moindres torts de l'école financière nouvelle, à laquelle M. Langrand-Dumonceau a attaché son nom, que d'avoir dressé des piéges à la presse belge et de l'y avoir prise en partie. Nous considérerions comme une vraie calamité pour les affaires financières si l'on nous dotait, à *l'instar de Paris*, de quelques grands fermiers qui monopoliseraient l'annonce de tous les journaux de Bruxelles et de la province. Nous devons ajouter que l'*Office de Publicité*, quoique favorable aux institutions Langrand, ne refuse toutefois pas, même dans son journal, l'insertion d'annonces qui paraîtraient ne pas devoir être agréables à ce financier. Nous en avons fait l'expérience, pour ce travail. Il n'y a que le *Journal de Bruxelles*, où l'employé, préposé aux annonces, nous a répondu, après avoir consulté la direction : « L'opinion du journal n'admet pas ces sortes d'annonces. » Comme la religion n'a rien à voir dans des publications du genre de celle-ci, que nous voulions annoncer à la quatrième page du *Journal de Bruxelles*, journal ultra-conservateur, nous dirons donc que la direction a fait du zèle, qu'elle a voulu peut-être se rendre agréable à M. Langrand, alors que celui-ci déclare qu'il aime la publicité et la concurrence.

On le voit, pour avoir la liberté en droit, il peut

liberté de circulation, du nom peu agréable de simonie administrative. Il ne s'agit pas ici d'un droit de stationnement comme pour les vigilantes et les échoppes des marchands forains.

arriver qu'on la perde en fait et de son plein gré.
Aussi, serions-nous bien moins excusables que la
presse française, libre autant que le permet l'administration, si nous venions à abdiquer, seulement en
matières économiques, commerciales ou financières,
cette liberté entière de la presse, *comme en Belgique*,
suivant la locution envieuse de tous les autres peuples.

Quoique, jamais, chantage pareil à celui que l'on a
pratiqué vis-à-vis du public actionnaire pour le faire
mordre aux valeurs Langrand-Dumonceau n'ait été
usité en Belgique, quoique les quatre-vingt-dix-neuf
centièmes de la presse fussent aux ordres et sous
l'inspiration de ce financier, on voit aujourd'hui ce
dernier se plaindre des attaques des journaux.

Un seul cependant a combattu ses institutions.
Comment se fait-il que la voix de ce téméraire n'ait
pas été couverte sous le concert unanime de toutes les
autres gazettes du pays? Évidemment, si quelqu'un a
mauvaise grâce de s'en prendre à la presse, de son
insuccès, c'est le fondateur de l'International. Cependant il récrimine, dans la *Vérité sur ses institutions
foncières*, avec une amertume et une violence qui passent tout à fait le ton des attaques dont il se plaint.
Voici sa complainte : « M. Langrand-Dumonceau a
laissé longtemps le champ libre à ses détracteurs, car
il estime qu'à des attaques aussi déloyales, il est difficile, sans manquer à sa dignité, de répondre autrement que par le silence. Il répugne, en effet, à l'honnête homme offensé, d'engager une polémique avec
certains journaux. Les uns, dirigés par des aventuriers de la pire espèce ne vivent que d'un effronté
chantage (1) ; les autres cherchent à faire diversion

(1) L'expression est prise ici dans un sens opposé à celui du dictionnaire, et il signifie une sorte de contrainte morale, un piége que

aux souvenirs récents des infortunes financières de leurs patrons. M. Langrand-Dumonceau préfère rendre le public juge entre lui et ses ennemis et compter sur le bon sens général, sur la publicité qu'il donne à ses opérations pour faire justice à des allégations mensongères dirigées contre lui.

» Il faut en effet agir sous l'empire de la mauvaise foi, de l'envie, de l'ignorance et de l'intérêt personnel pour s'inscrire en faux contre des institutions qui reposent sur des principes économiques vrais et admis par tous les hommes qui ont à cœur le développement régulier et fécond de la vie économique moderne. Aussi n'hésitons-nous pas à le répéter, pour prendre rang parmi les détracteurs de M. Langrand-Dumonceau, il faut ou bien obéir aux suggestions de la mauvaise foi ; ou ignorer l'organisation et le fonctionnement des établissements que l'on dénigre ; ou enfin se laisser aller aux ressentiments que provoquent les froissements de l'intérêt personnel. »

Nous prions nos lecteurs de nous excuser, si nous devons leur servir une prose aussi pitoyable ; probablement que M. Langrand aura changé de secrétaire depuis les pages académiques et légèrement romantiques des *Notions pratiques*. Nous avons bien été obligé de lire et de relire 24 pages in-8°, d'une pareille rapsodie. Comme les lignes que nous venons de reproduire, sont vraisemblablement faites en réponse aux articles de l'*Écho du Parlement*, dont nous sommes l'auteur, nous croyons devoir faire ici une déclaration. Il est parlé en outre dans la *Vérité* de « l'attitude de certains organes de la presse, dont le public

les hommes de plume exercent contre les particuliers, surtout les financiers, pour leur extorquer de l'argent, en les menaçant de les attaquer par la publicité. De là est venue une autre locution : *faire chanter* quelqu'un. Mais cela touche à l'argot.

désigne tout haut les inspirateurs. » Nous avons commencé l'examen des institutions financières de M. Langrand-Dumonceau, par des articles intitulés : *Les lettres de gage et les prêts hypothécaires;* nous avons ensuite traité l'*Emprunt romain*, puis, en janvier 1865, la *Banque générale pour favoriser les travaux publics,* et enfin, nous sommes auteur des articles qui ont paru en octobre et novembre, même année (1). Tous les bulletins financiers de l'*Écho du Parlement* et de l'*Écho de Bruxelles,* sont également de nous. Mais nous n'avons reçu ni ordre, ni conseil, ni inspirations, ni d'en haut ni d'en bas, de personne au monde, pas même de la direction du journal qui a admis la plupart des articles que nous lui présentions spontanément. On nous a bien dit, au commencement de septembre dernier, que les lecteurs du journal demandaient qu'on les renseignât sur les institutions Langrand, qui recommençaient à faire grand tapage sur le marché, depuis le mois d'août. Nous confessons que le plaisir des voyages et des vacances nous fit un peu oublier, et le public et les institutions Langrand, d'autant plus que c'est en amateur et sans aucune espèce de récompense ou d'encouragements, si

(1) Dans son numéro du 14 janvier 1866 le *Sancho* indique comme un bel os à ronger pour l'*Echo du Parlement* la maigre brochure *La Vérité sur les institutions foncières* de M. Langrand-Dumonceau. L'écuyer fidèle de Don Quichotte a manqué de réflexion cette fois en s'exposant à ce que nous lui disions que ce n'est pas aux rédacteurs de l'*Echo* que M. Langrand jette des os à rogner. Quant à la *Vérité sur les institutions foncières,* ce n'est véritablement que du charibia, surtout comme faisant suite aux *Notions pratiques* dont le style élevé empruntait souvent des formes et des idées au célèbre discours de Mirabeau sur les assignats. Il fallait bien aussi toute la puissance de ce foudre d'éloquence pour faire admettre de nos jours, les lettres de gage de l'International, qui ne semblent pas être d'une autre nature que le papier de la République.

ce n'est ceux de quelques amis n'appartenant ni au monde officiel ni à la finance, que nous faisons, depuis deux ans, l'examen détaillé desdites institutions. Nous n'avons donc pas de patrons, dont nous ayons à suivre les inspirations, et par conséquent, nous ne cherchons pas à faire diversion à leurs infortunes financières. Nous nous en référons à la lettre que nous avons publiée, le 17 décembre dernier, dans le *Nieuwe Rotterdamsche Courant*, reproduite à l'appendice.

Comme nous n'avons absolument aucun intérêt dans cette polémique, — bien au contraire, car elle nous est onéreuse, — que nous croyons n'avoir jamais manqué aux devoirs ni à la délicatesse d'écrivain, pas plus que d'avocat, nous osons croire que l'auteur de la *Vérité*, n'a pas voulu nous ranger dans la catégorie des *aventuriers de la pire espèce*, mais bien plutôt dans celle de ceux qui agissent sous l'empire de l'*ignorance*, ou peut-être de l'envie. Ne nous étant pas mêlé aux affaires que traite le financier austro-belge, nous n'avons pas eu occasion d'être mordu par l'envie, pas|plus à son sujet qu'au sujet de qui que ce soit. C'est si bas, l'envie ! Mais disons encore au rédacteur de la *Verité sur les institutions foncières*, qu'il s'est servi d'un terme impropre, en nous taxant d'*ennemi* de M. Langrand. C'était *adversaire* ou plutôt simplement *contradicteur*, qu'il fallait dire. Nous étudions les faits qui se produisent, dans les documents publics, bilans, journaux, circulaires, — et c'est notre droit, — mais sans jamais faire d'investigations indécentes dans la vie privée. Reste notre ignorance. Eh bien, c'est pour en sortir, que nous discutons et que nous avons eu le courage de relire plusieurs fois la fade composition intitulée : *La vérité sur les institutions foncières de M. Langrand-Dumonceau.*

CHAPITRE II.

L'appui de la religion catholique.

Jusqu'à ce jour l'on avait vu quelquefois la réclame, précédée d'un fifre ou d'un tambour, profiter des solennités de cette religion pour recommander une marchandise ou une affaire concernant les intérêts de ce monde, aux fidèles sortant du temple. Mais jamais aucun entrepreneur, industriel ou financier n'avait été assez audacieux, assez impie, disons le mot, pour introduire la réclame jusqu'au sein du sanctuaire, jusque dans la chaire de vérité. Cette profanation était réservée aux institutions financières qui nous occupent. C'est une des nouveautés des sociétés Langrand-Dumonceau d'avoir fait du prêtre, du religieux catholique, un agent, un courtier d'affaires. On sait qu'une circulaire aux curés leur promet un tantième sur le montant des souscriptions qu'ils auront faites au profit des diverses entreprises de M. Langrand-Dumonceau. C'est par eux que l'on espérait inonder le pays des lettres de gage de l'International. Pas plus que la presse, on n'a respecté le prêtre et nous devons dire qu'il n'a pas fallu prendre ce dernier dans un traquenard, comme cela avait été nécessaire pour se gagner les journalistes. On vit donc les curés, du haut de la chaire sacrée, dans leurs homélies onctueuses, insister pour que les fidèles confiassent leurs économies aux sociétés de M. Langrand-Dumonceau, qui avait l'appui du saint Père ; on les vit se servir du confessionnal et de tous les moyens sacrés pour *faire l'article* au profit des financiers qui leur accordaient 2 p. c. sur le montant des placements qu'ils effectuaient. C'est là, la pêche au plomb, la pêche ténébreuse, dont nous parlons en tête de cette quatrième partie.

L'emprunt pontifical, dont il a été parlé, au bilan de l'Industriel et qui servait en quelque sorte de prise d'armes au champion financier de l'Église, ne fut pas exempt de profits, ainsi que l'ont répété les organes dévoués à M. Langrand-Dumonceau. Cet emprunt lui procura des auxiliaires puissants, peut-être les plus actifs pour cet emprunt et pour ses entreprises subséquentes ; le clergé séculier et les innombrables couvents dont notre pays, la Hollande, l'Allemagne, etc., commencent à être dotés de nouveau, se sont organisés pour faire réussir l'entreprise papale. Le Nonce vin remettre au champion financier du Pape, avec un bref de sa Sainteté, les clefs de Saint-Pierre, afin qu'il pût décrocher les coffres renfermant les économies des paysans. Tandis que l'Industriel ne devait toucher aucun bénéfice, si ce n'est la prime de 50 fr. sur l'International, accordé à 550 fr. par privilége aux souscripteurs de l'emprunt pontifical et les frais de gestion, tandis que M. Langrand-Dumonceau se montrait si généreux vis-à-vis du pape, messieurs du clergé et les religieux percevaient une commission. Les rôles étaient véritablement renversés.

On comprend jusqu'à un certain point que les religieux soient plus avancés en économie financière que les simples curés et qu'ils ne fassent rien pour rien : c'est de tradition chez eux. Depuis les spéculations mercantiles des pères de Sacy et autres ; depuis que des monastères presque légendaires font, de leur noms respectés, une simple raison sociale favorable à l'écoulement d'une marchandise, *l'eau des Trapistes*, la *liqueur des Chartreux, des Carmes et celle des Bénédictins de Fécamp ;* depuis que les bons religieux de Saint-François, ou les Carmes chaux ou déchaux et autres se sont mis à commanditer les petits commerces les plus lucratifs de nos villes, érigeant ici, sous un nom emprunté bien entendu, un établissement de boisson, un atelier de confection magnifique sur le coin et plus loin, ce bel étalage de chaussures que vous admirez, il n'y à rien d'étonnant qu'ils se jettent dans les affaires financières. Dieu sait s'ils n'ont pas leurs représentants dans la coulisse et dans les tripots. Il n'y aurait rien d'étonnant qu'il renouvelassent sur le terrain commercial, la concurrence, les luttes héroïcomiques célébrées par Boileau. Il faut rendre cette justice au clergé séculier, aux curés, c'est qu'ils sont restés bien arriérés sous ce rapport, qu'ils ne sont pas *organisés*, pour exploiter les richesses de ce monde comme ces ordres mendiants. C'est sans doute parce que ces derniers ont fait vœu de pauvreté qu'ils montrent cet appétit désordonné pour les biens de ce monde. Mais ne sortons pas de notre sujet et laissons leur méditer le passage des écritures où le Christ chasse avec indignation, du temple, les marchands qui en font, suivant l'expression biblique, une caverne de voleurs.

C'est bien, à plus forte raison, de cette catégorie d'agioteurs que l'on pourrait dire, avec les signataires d'une lettre à l'empereur des Français, en date du 4 octobre 1862, au sujet du Crédit mobilier français et de la spéculation : « Il est fâcheux que les hommes, quels qu'ils soient, qui spéculent sur la ruine publique, que la soif des richesses enivre, que la fortune aveugle, que l'orgueil trouble, que le succès égare, il est fâcheux que ces hommes-là ne soient pas démasqués et connus du public. Leur influence est pernicieuse au suprême degré, et l'on pourrait dire d'eux ce que Salomon disait de certaines femmes : « Leurs lèvres sont comme le rayon d'où » coule le miel, leurs paroles sont plus douces que » l'huile, mais la fin en est plus amère que l'absinthe » et plus perçante qu'une épée à deux tranchants. Si » on les suit, leurs pas conduisent vers la mort, leurs » pieds enfoncent jusqu'aux enfers. »

Il est plus étonnant que les prêtres de notre clergé séculier, entourés du respect des masses, précisément à cause de la simplicité de leur vie, si conforme aux préceptes des Évangiles, aient donné dans le panneau que leur tendait l'école financière de M. Langrand-Dumonceau. Mais les imprudents ont cédé à l'appât, d'autant plus facilement, que la plupart sont placés dans une position difficile au point de vue des ressources pécuniaires. Ils ont des traitements modestes et des obligations sociales, des devoirs bien au-dessus de leurs émoluments. On a tort de confondre le simple prêtre, le pauvre vicaire, le curé d'une petite paroisse avec un doyen, un chanoine, ou un religieux. Il y a donc aussi des circonstances atténuantes à plaider en faveur du clergé séculier dans cette rencontre. Toutefois, il est temps qu'il voie clair et qu'il se sépare bien positivement des alliés compromettants, avec lesquels il a fait la campagne de l'Emprunt pontifical et d'autres. C'est ce que *Le Bien*

Public, cette sentinelle avancée, qui fait bonne garde
autour du patrimoine de l'Église catholique, a parfaitement compris. Et au risque de revenir sur les
faux pas qu'il avait fait lui-même, en s'engageant,
en 1864, implicitement dans la croisade financière de
M. Langrand-Dumonceau, on le voit renier, en 1865,
ce qu'il avait recommandé et patronné, l'année précédente. Le 20 septembre 1865, on pouvait lire dans *Le
Bien Public* une déclaration nette et tout à fait digne
d'un journal qui se respecte. Nous en reproduisons
les passages les plus propres à être médités par les
autres organes de la presse :

« Quelques journaux ministériels cherchent à établir nous ne savons quelle solidarité entre les intérêts catholiques et les diverses entreprises financières
auxquelles M. Langrand-Dumonceau a attaché son
nom. S'il ne s'agissait que de l'*Emprunt Pontifical*,
nous comprendrions cette thèse ; mais du moment
qu'il s'agit de *Crédit foncier*, de *Crédit international*,
de *Banque des travaux publics*, etc., nous ne la com-
prenons pas du tout.

» Il est vrai que plusieurs journaux catholiques,
conformément à un usage, regrettable selon nous,
qui tend à s'accréditer en Belgique, ont publié des
articles-réclames et plusieurs documents fort éten-
dus en faveur de ces diverses entreprises ; mais on
ne devrait pas oublier que c'est là de la publicité purement commerciale. La plupart des articles en question émanent des sociétés financières qu'ils sont
destinés à recommander : ils ne sont insérés qu'à prix
d'argent et sont accueillis, grâce à ce passe-port mé-
tallique, aussi bien dans les colonnes de l'*Indépendance*, de l'*Étoile belge*, de l'*Office de publicité*, etc.,
que dans celles des journaux conservateurs.

» Quant à nous, bien résolus à nous tenir neutres
entre les apologistes de M. Langrand-Dumonceau et
ses détracteurs, déterminés aussi à n'insérer toute
espèce de réclame industrielle ou commerciale qu'à

sa place naturelle, c'est-à-dire à la quatrième page, nous ne sommes entrés dans ces explications que pour satisfaire aux demandes de plusieurs de nos abonnés désireux de savoir à quoi s'en tenir sur tout le bruit qui se fait autour du nom de M. Langrand. »

Les conseils et l'exemple du *Bien Public*, en cette occasion, sont bons à suivre; mais principalement par le clergé catholique, obligé à plus de circonspection, quand il s'agit d'abnégation des richesses, de la responsabilité morale. Supposons que ces fameuses lettres de gage de l'Hypothécaire belge et puis de l'International, soient devenues populaires dans notre pays; supposons que les curés, qu'une circulaire de M. De Decker (1) invita jadis à coopérer aux entreprises de M. Langrand-Dumonceau, et qu'une autre circulaire, plus récente, intéressèrent à ces entreprises comme de vrais courtiers ou agents d'affaires; supposons que les curés de campagne aient un jour à répondre devant leurs ouailles de la dépréciation éventuelle, probable selon nous, des valeurs Langrand-Dumonceau. Si ces fameuses lettres de gage, ces *bonniers de terre mobilisés*, venaient cependant, malgré les hypothèques qui les garantissent en Autriche, en Styrie et dans ces pays pauvres, pauvres comme Job quand il s'agit de payer en espèces, à se déprécier, à rester impayées à l'échéance, comme elles ne sont pas déjà coursables, vendables aujourd'hui sans une perte énorme (2), que répondraient ces imprudents

----

(1) Nous n'avons pas cette pièce, mais son existence n'a pas été démentie, quoique nous en ayons fait mention dans notre *Annuaire financier de la Belgique*, p. 245.

(2) Voici l'affiche que l'on trouve placardée sur les murs de Bruxelles depuis le 19 janvier 1866 :

« A vendre à perte, les lettres de gage du Crédit foncier interna-

pasteurs à leurs ouailles? Que feraient-ils, si jamais ces papiers, aussi bien garantis, maintenant, que l'étaient au commencement, par les biens nationaux, les assignats de la république française tombaient au même niveau? Ce serait un coup fatal porté à la considération, au prestige dont nos populations ont, jusqu'à ce jour, entouré le clergé catholique.

tional de Langrand-Dumonceau. S'adresser, de 11 à 1 heure, à l'agence immobilière, 5, rue du Marquis. »

Nous avons vu cependant qu'au 31 décembre 1864, la société n'en avait émis ou estampillé que pour 18 millions, et l'on sait que, depuis, le placement en est devenu de plus en plus difficile.

CHAPITRE III.

Les hommes d'État en disponibilité.

Le succès des sociétés financières de M. Langrand-Dumonceau a été obtenu en amoindrissant quelque peu la presse, en compromettant le clergé et aussi en démonétisant plusieurs hommes politiques considérables de notre pays, que l'on a attelés au char doré des gros dividendes et traitements d'administrateurs de ces sociétés. De même qu'il répugnerait de voir un évêque, un prêtre siéger parmi les administrateurs de sociétés financières et industrielles, de même l'on ne peut voir, sans en être choqué, des ministres d'État, des hommes importants de la politique, à la tête d'un grand parti, se rapetisser au rôle de commis d'un financier afin d'être émargés dans les bilans de vingt sociétés, rouages superflus d'une entreprise hasardeuse. L'étonnement a été grand, dans notre pays, où l'on avait jusqu'à présent autant respecté la politique que la religion, en ne les enveloppant pas dans les

liens du mercantilisme (1), quand l'on a vu un groupe
de représentants, d'anciens ministres, de ministres
d'État, d'un grand parti politique, dans l'opposition,
se former en société financière, pour entreprendre,
sous la raison sociale Langrand-Dumonceau, des opérations d'un nouveau genre, que nous avons définies
dans notre troisième partie. On crut d'abord à une
plaisanterie en voyant ces politiques de la veille,
ces hommes, dont plusieurs avaient professé, dans
leurs écrits, un vrai dédain pour les intérèts matériels, et qui partaient pour l'Autriche où ils allaient
faire de la spéculation immobilière, du crédit foncier. On était presque tenté de s'écrier avec le fabuliste « quelle farce vont jouer ces gens-là. »

Mais bientôt le doute ne fut plus permis ; les conseils d'administration et les colléges des commissaires furent composés, toujours des mêmes noms,
ainsi qu'on peut s'en convaincre en lisant ce travail.

C'était d'abord un audacieux défi jeté au vieux
monde financier, qui voyait ces hommes d'affaires
improvisés proclamer des théories nouvelles en finance et inaugurer des pratiques aussi risquées qu'im-
prévues. Puis c'était une profanation, une sorte de
simonie politique ; car enfin le pays, le gouvernement,
le roi n'avaient pas accordé les titres de ministres
d'État, de conseillers de la nation pour en faire une
raison sociale. On excuse jusqu'à un certain point
l'héritier d'un grand nom, dépossédé des fiefs et de la
fortune de ses aïeux, qui se résigne à jouer un rôle
d'*utilité*, dans une affaire industrielle ou financière,
en prêtant son nom pour les prospectus. Mais jamais

---

(1) Les noms des Rogier, Lebeau, Devaux, de Theux, Frère-Orban,
Verhaegen et Delfosse auront toujours un prestige particulier, parce
qu'ils n'ont pas amoindri le noble mandat, reçu de la nation, en le
faisant servir à patronner des entreprises industrielles.

nous n'admettrons que des anciens ministres, actuellement représentants et militant pour ressaisir le pouvoir, fassent servir leur crédit d'homme politique au succès d'opérations mercantiles. C'est cependant le spectacle que nous donne, depuis quelques années, l'école financière de M. Langrand-Dumonceau. Voici trois anciens ministres : MM. Dechamps, P. De Decker et A. Nothomb, qui n'ont pas renoncé à l'espoir de le redevenir, qui joignent aux soins qu'ils doivent à leur mandat de représentant, ou tout au moins aux préoccupations d'écrivain politique, le travail assidu qu'exige d'eux leur qualité d'admistrateurs d'une foule de sociétés considérables, telles que la Banque du crédit foncier et industriel, le Crédit foncier international, la Banque générale pour favoriser les travaux publics et l'agriculture et d'autres. Il n'y a pas incompatibilité légale entre le mandat de député ou même de ministre et celui d'industriel, de commerçant, à condition que l'on garde certaines mesures. C'est précisément ce qui distingue, des autres hommes politiques qui s'occupent d'industrie et d'affaires, le groupe des financiers Langrand-Dumonceau; ceux-ci ont outrepassé les bornes de la modération, du respect des convenances sociales, en provoquant surtout le public par des procédés insolites et condamnés par l'expérience.

En voyant, par les bilans des sociétés où ces anciens ministres sont administrateurs, quels énormes bénéfices ils font, en cette qualité, on se demande qui peut encore les retenir dans la vie publique. Ce n'est certes pas le maigre traitement de chef de département ministériel. On a encore été plus perplexe quand on a vu la brochure pessimiste d'un de ces financiers, hommes d'État, qui remit froidement en question notre nationalité, à la faveur des ombres funèbres qui s'éten-

daient déjà sur une tête auguste. A quoi bon agiter
ces questions. On s'est demandé si quelques feuillets
du carnet du financier, administrateur d'entreprises
aussi colossales que l'Industriel, l'International, la
Banque générale, n'avaient pas été confondus dans
le portefeuille de l'homme politique, ou si, par quelque encre sympathique, ils n'avaient pas déteint l'un
sur l'autre. Comment un administrateur, si heureux
dans ses entreprises, avait-il pu avoir des visions
aussi terribles, alors qu'un si riant avenir souriait
à ses entreprises? A quoi bon obscurcir l'horizon à
froid, de gaieté de cœur? Ce n'est certainement pas
le bon moyen d'attirer les épargnes, les économies
des masses toujours craintives, à moins que ce ne
soit pour leur ouvrir le refuge salutaire des valeurs
foncières, exemptes des vicissitudes de la spéculation.

Le travestissement des hommes politiques en associés de M. Langrand empêche de les prendre au
sérieux comme gens d'affaires, parce qu'ils sont plus
que cela; et on trouve étrange, sinon suspecte, leur
obstination à faire encore de la politique. On se demande comment ces extrêmes-là se touchent.

L'auteur de la *Vérité sur les institutions foncières de
M. Langrand-Dumonceau* dit que ce dernier a eu la
bonne fortune d'avoir pour co-fondateurs et collègues
dans les conseils d'administration, les hommes les plus
justement considérés. On conçoit, dit-il, l'efficacité
du concours que quelques personnages, dont le nom
personnifie la double autorité du talent et de la considération publique, ont apporté aux sociétés de M. Langrand-Dumonceau. » S'il ne s'agit que de servir d'enseigne commerciale, nous dirons que ces personnages sont très-propres à faire naître la confiance et à
attirer des souscripteurs aux sociétés patronnées par

des hommes que l'on était habitué à respecter dans l'ordre politique. Mais là s'arrête leur concours réel. Car pour les affaires foncières, pour les entreprises d'achats et de reventes de terrains dans un pays qui n'est pas le leur, nous ne sommes nullement convaincu du talent de ces personnages. Si nous étions actionnaires de la Banque de crédit foncier et industriel, nous préférerions voir dans cette société, cet office immobilier, un banquier de naissance, un arpenteur hongrois, ou un de ces paysans millionnaires dont on nous parle dans les *Notions pratiques*. Mais en retour, nous ne voudrions pas voir les siéges des honorables représentants De Decker et Nothomb et le fauteuil de ministre d'État de l'honorable M. Dechamps occupés par les commis banquiers, les gens d'affaires que nous leur préférions tantôt. A chacun son lot.

Cette mixture de la politique et des affaires, du sacré et du profane, cet abus de la publicité, ce *chantage* inouï que nous avons montrés dans les entreprises financières que nous analysons, ont pu en hâter l'éclosion et leur donner en peu de temps une apparence prospère. Mais comme dans ce pays démocratique l'on a vite remis chacun à sa place, parce que l'on retourne en tous sens les beaux masques qui veulent s'imposer à la crédulité publique, on ne croit, déjà plus à l'efficacité des entreprises foncières en Autriche, en dépit et un peu à cause des noms illustres, trop illustres que l'on voit figurer en tête de ces humbles entreprises.

CINQUIÈME PARTIE.

Les conséquences financières et économiques des institutions Langrand-Dumonceau.

L'école financière, dont nous venons d'examiner les principales créations, ne ressemble à aucune autre, soit des temps anciens, soit de notre siècle. Elle est sans précédents, sans traditions, sans alliances, sans crédit dans le monde des affaires, où elle reste isolée comme une sorte de phénomène, d'apparition mi-sacrée, mi-profane, trahissant dans sa démarche et sa conduite, malgré le beau costume de vertu dont elle se revêt et ses affinités avec le monde religieux, les appétits les plus désordonnés et les pratiques les moins avouables. Son histoire ressemble à un roman ou plutôt à une satire, parce que tout l'échafaudage, qu'elle a élevé si rapidement, ne repose pas sur les principes de la vérité et d'une pratique loyale, mais se tient en équilibre appuyé sur des sophismes présentés avec artifice et entouré du cortége d'auxiliaires que nous avons fait connaître dans notre quatrième partie. C'est en souriant que nous avons montré du doigt les trucs et supercheries de cette mise en scène et démasqué tous ces saints personnages trafiquant de la religion et des choses les plus sacrées dans l'ordre politique et social. Mais, quelque propension que l'on ait à ne considérer les choses de ce monde, les dupes et les malins, que comme des scènes de comédie, et quelque plaisir que l'on éprouve à dévisager les derniers, il n'est pas possible de garder constamment l'attitude de simple spectateur et de ne pas se sentir pris d'indignation quand on contemple les conséquences désastreuses qui découlent de cette comédie humaine et qui menacent les intérêts de nos semblables et l'ordre social lui-même.

Les souscripteurs des six à sept cent millions de fr. de capital émis par les diverses sociétés Langrand-Dumonceau commencent à avoir des craintes sérieuses sur le bon emploi de leur argent — ils ont versé en moyenne 30 à 40 p. c. (1) — et sur l'éventualité de nouveaux appels de fonds. Ce n'est pas sérieux de dire, ainsi que le font les dernières circulaires de M. Langrand et la *Vérité sur ses institutions foncières* qu'il ne sera *jamais* fait de nouvel appel de fonds. Plût à Dieu qu'il en fût ainsi ! Mais si les prochains exercices des différentes sociétés du même groupe, socié-

---

(1) L'auteur de la *Vérité sur les institutions foncières* s'amuse à réfuter l'assertion — qui n'a été avancée par personne — que le capital *versé* serait de six cent millions de francs, et il affirme que ce capital n'excède pas cent millions de francs. Nous disions, dans les articles publiés par *L'Echo du Parlement*, que M. Langrand *demande* six à sept cent millions de francs à notre pays, et c'est exact, puisque le capital de ses sociétés s'élève à plus de huit cent millions de francs, que ce capital est émis presque tout entier et souscrit par des Belges, pour les trois quarts — de son propre aveu.

tés solidaires les unes des autres, ressemblent au premier de l'International , — qui donne un dividende de 10 p. c. alors qu'il était plutôt en perte de 25 p. c. — l'on sera bientôt forcé d'exiger de nouveaux versements : et c'est ce qu'appréhendent les actionnaires. L'on serait bien désireux de connaître les noms et la solvabilité des vingt mille souscripteurs qui ont répondu à l'appel de M. Langrand (1). Nous défions ce financier d'oser produire au public la liste de ces souscripteurs conformément au vœu de la loi anglaise du 7 août 1862 et à la pratique suivie par lui pour les mutualités des Rentiers Réunis. On est fondé à croire que les portefeuilles des différentes sociétés Langrand — comme les premiers rapports et circulaires en font l'aveu —'contiennent pour la plus forte part des actions les unes des autres. L'International a contribué avec l'Industriel à fonder la Banque hypothécaire saxonne, de même que jadis l'Association générale d'assurances avait fait la plus grande partie du capital de la Vindobona, de même que les différentes banques locales de l'Agricole doivent compléter les 60 millions de capital non souscrits de cette dernière. C'est-à-dire que, selon l'expression de *L'Escaut*, remplacer un papier par l'autre serait le secret de tout le système de M. Langrand-Dumonceau, système qui, nous l'admettons, a été mis en pratique avec beaucoup d'habileté (2).

Vienne un moment de gêne, que les paysans hongrois soient contraints, en 1866 ou en 1867, à demander, comme en 1863, des délais pour le payement de leurs

(1) Circulaire de juillet 1865.

(2) *L'Escaut* du 3 février 1865. Malgré toute son habileté, M. Langrand n'est point parvenu à gagner les financiers de la place d'Anvers à son système, quoiqu'il leur eut fait les offres les plus séduisantes.

annuités et l'on sera bien forcé d'exiger, des actionnaires, un nouveau versement, à moins que l'on n'ait encore assez de crédit, sur la place de Bruxelles, pour lancer une nouvelle société foncière ou agricole, ou rurale, ou forestière, ou minière, ou bien pour l'embellissement de la capitale, laquelle société passera fraternellement ses ressources à ses aînées pour les tirer de peine sans que le public s'en aperçoive.

Si jamais, comme cela est arrivé déjà, pour les sociétés d'assurances de M. Langrand-Dumonceau, il y avait des sinistres nombreux ; si les sociétés hypothécaires et foncières se trouvaient arrêtées dans leur marche, ainsi que le fait prévoir, pour un prochain avenir, le placement vraiment insignifiant, dérisoire, des lettres de gage de ces sociétés, il faudrait bien cependant donner un démenti au superbe *jamais*, que l'on imprime en caractères saillants, et exiger une nouvelle mise de fonds, des vingt mille actionnaires. Alors les sociétés fédérées, actionnaires les unes des autres, devraient faire de l'argent à tout prix et réduire d'abord les dividendes de 15 à 5 p. c. et moins, puis les supprimer.

L'examen des premiers bilans de l'Industriel et de l'International n'a-t-il pas démontré que tout le capital versé est présentement immobilisé, que le placement des lettres de gage est arrêté, qu'il reste peu de ressources disponibles pour continuer les opérations d'achat et de revente de domaines en 1866 ? — L'International *n'a, du reste, pas fait d'affaires pour une somme supérieure à celle de ses bénéfices !* ce qui paraîtrait une énigme si l'on ne savait que l'Industriel lui avait garanti ce minimum de bénéfices en toute éventualité. Mais aussi l'Industriel vient de dénoncer la convention qui *entravait* sa liberté d'action. Et l'on se demande ce qui adviendrait si la rentrée des

annuités de la Hongrie se faisait attendre? Le cours
des actions des sociétés Langrand-Dumonceau reflète
parfaitement ces craintes. A-t-on jamais vu une valeur donnant 20 p. c. de bénéfices se tenir timidement
à quelques unités au-dessus du pair comme l'Industriel, ou bien comme l'International tombant à 493,
après avoir donné 10 p. c. et après que le rapport présenté, le 28 décembre dernier, aux actionnaires de
l'Industriel déclare que la part de bénéfice réservée
par l'Industriel à l'International, pour l'exercice
de 1865, est de fr. 7,828,439, « suivant convention et
en extinction de tous nos engagements? » Il n'y a pas
d'exemple, à la bourse de Bruxelles, pas plus qu'à
celles de Londres ou de Paris, d'une dépréciation
pareille.

Pourquoi ce discrédit? C'est que non-seulement
l'on est sous le coup d'appels de fonds imprévus,
peut-être ordonnés par justice, en cas de sinistres,
mais parce que l'on comprend que les bénéfices, qui
devraient être des produits, des fruits, ne sont qu'une
partie même de l'avoir social, que ce sont des bénéfices escomptés et nullement acquis, encaissés et
qu'on ne les distribue, dans le présent, au profit des
détenteurs actuels qu'au détriment des détenteurs
futurs. Tout le secret a été de combiner une entreprise assez forte pour pouvoir servir de très-gros
intérêts aux actionnaires, pendant les premiers
temps. Ce genre d'opération a été *illustré* d'une façon
pittoresque par le grand romancier français, Balzac,
dans la *Maison de Nucingen*, quand il dit qu'il consiste
à donner un petit pâté, pour un louis d'or, à de grands
enfants qui, comme les petits enfants d'autrefois, pré-
fèrent le pâté à la pièce, sans penser qu'avec la pièce
ils peuvent avoir deux cents pâtés. « En petit, ajoute
le grand peintre des mœurs, l'affaire peut paraître

singulière ; mais en grand, c'est de la haute finance. »
Et par une singulière coïncidence, c'est également
20 p. c. de dividende que donne le héros du roman
précité, absolument comme les entreprises foncières
en Autriche. Cet intérêt industriel, que, dans le voca-
bulaire de la finance, l'on appelle *part à goinfre*, produit bientôt la désillusion en laissant un arrière-goût
désagréable lorsque l'on a retrouvé son plein sens,
sa raison.

Le capital des sociétés Langrand-Dumonceau est
trop fort pour pouvoir procurer des bénéfices véritables à tant de sociétés ayant chacune des frais généraux énormes ; d'autre part, il ne serait pas même
suffisant, si l'on voulait réaliser l'*idée* de ce financier,
c'est-à-dire faire des arbitrages entre la Belgique et
l'Autriche au moyen d'opérations foncières. Il faudrait des souscripteurs sérieux au lieu de cet échange
ou circulation de papier entre différentes sociétés
solidaires, qui ont les mêmes hommes pour administrateurs, gérant et commissaires (1). Les opéra-

(1) « L'écueil des sociétés de crédit foncier, dit M. G. de Molinari,
p. 342, t. II, de son *Cours d'Economie politique*, et en général des
sociétés de garantie, c'est ce qu'on pourrait appeler la non-effectivité
de leur capital. Ce capital servant simplement de caution, au moins
pour la plus forte part, n'a pas besoin d'être réalisé intégralement.
En revanche, il faut que le restant du versement soit assuré, absolument comme s'il était dans la caisse de la société, sinon la société,
au lieu d'offrir pour garantie son capital nominal, n'en offre, en
réalité, qu'une fraction souvent insignifiante. Des précautions doivent
évidemment être prises contre cet abus, qui peut faire naître une
multitude d'entreprises reposant sur des pointes d'aiguilles, et sus-
citer par là même des crises désastreuses. On peut, par exemple,
rendre les administrateurs responsables des versements à faire, ou
bien encore exiger des actionnaires le dépôt d'une caution, composée
de bonnes valeurs, jusqu'à concurrence du montant non versé de
leurs souscriptions. Ces précautions ne manqueront pas, du reste,
d'être prises volontairement, dès que le public, mieux familiarisé

tions en domaines sont en réalité très-chanceuses, ainsi que nous l'avons prouvé en traitant spécialement de la lettre de gage. Elles le paraissaient ainsi à M. Alex. Mendel, l'ex-directeur de la Société générale de commerce et d'industrie d'Amsterdam, qui trouvait qu'auprès d'elles les spéculations de bourse étaient des placements de rentiers. N'oublions pas qu'il s'agit de la solvabilité de populations riches à la façon des peuples agriculteurs des anciens temps, c'est-à-dire en fonds de terres, en troupeaux et produits du sol, mais pauvres en argent, parce que

avec cette nouvelle forme des entreprises, n'accordera plus sa confiance qu'à celles dont l'organisation présentera les garanties nécessaires de solidité. » S'il valait la peine de parler des détenteurs de lettres de gage de l'International, nous dirions, conformément à la doctrine économique, qu'il conviendrait autant de demander cette caution des actionnaires qu'on demande une hypothèque supplémentaire aux paysans hongrois débiteurs solidaires des annuités. Que doit penser aujourd'hui l'auteur du *Cours d'économie politique* précité, qui avait trouvé du mérite aux institutions de M. Langrand, lorsqu'on n'en était encore qu'à l'époque des prospectus, qu'il aura pris au sérieux comme tant d'autres. Que pense également l'auteur des *Considérations économiques et financières sur les ressources de l'empire d'Autriche,* ainsi que de la *Lettre de gage ou obligation foncière ?* Est-ce qu'il écrirait encore des valeurs Langrand-Dumonceau que c'est *l'emploi le plus parfait de l'épargne,* que ce sont des *bonniers de terre mobilisés,* des *valeurs moralisatrices,* qu'elles constituent pour les ouvriers agricoles une *rente certaine pour leurs vieux jours,* et pour tout dire, qu'elles valent mieux que les fonds d'État lesquels ne reposent que sur une garantie abstraite et purement négative, le crédit de l'État.

Si cet auteur devait écrire l'histoire des valeurs Langrand comme il a écrit celle des valeurs similaires de l'Allemagne, il changerait tellement de ton et d'allures, que le public pourrait lui appliquer ces paroles du poëte *quantum mutatus ab illo !* Hâtons-nous de dire que si l'auteur de ces brochures, faites pour préparer l'opinion à l'arrivée des sociétés foncières de M. Langrand, a exalté ces opérations en théorie, avant coup, il les a reniées, en pratique, ayant choisi le crédit commercial et industriel.

non-seulement il leur manque des débouchés pour leurs produits, mais qu'ils sont sans cesse sous le coup des révolutions et du despotisme, des crises monétaires et même quelquefois alimentaires. On suspend la constitution politique en Autriche, aussi facilement que la Banque de Vienne suspend ses payements en espèces, et sans plus de gêne que l'on confisque, dans ce beau pays, les droits de l'homme des plus sacrés, la liberté individuelle et la propriété privée. La rentrée des annuités est hypothétique et l'on peut bien dire que les bénéfices de l'International ne sont pas en raison des risques qu'il court. Quant aux porteurs des lettres de gage de cette société, s'ils devaient devenir nombreux, nous leur dirions, en empruntant une expression de M. Cieskowski : ce n'est pas sur des hypothèques, mais sur des hypothèses que reposent vos titres. Ces lettres de gage sont en effet dépréciées, vendues à l'ancan ou affichées au coin des rues comme des créances irrecouvrables. Et l'on avait osé écrire que loin de craindre la concurrence, l'on aiderait les sociétés étrangères au placement de leurs lettres de gage ! Ce langage partait d'un bon naturel, mais c'était un souci superflu, car les autres sociétés, nos caisses hypothécaires, le Crédit foncier de France n'ont que faire de cette pitié superbe : elles placent facilement leurs lettres de gage à 4 1/2 p. c. alors que l'International ne peut écouler les siennes à 5 p. c.

Les actionnaires des sociétés Langrand-Dumonceau s'attendent — le cours des actions le prouve — à une diminution des bénéfices dans l'avenir. Et dans son dernier écrit, M. Langrand les en prévient lui-même en disant : « La bonne chance qui est restée fidèle à ses sociétés a habitué le public, dit *La Vérité sur les institutions foncières*, à considérer comme permanent et normal un chiffre de dividende qui est le résultat d'opérations réalisées dans des conditions *exceptionnellement favorables.* » Les voilà avertis. Ainsi, les 20 p. c. de l'Industriel, dont 10 à la réserve (Dieu sait en quelles valeurs), et les 10 p. c. de l'International n'ont été obtenus que grâce à des circonstances exceptionnellement favorables ? Et à l'avenir, les bénéfices descendront la même pente décroissante, invariablement suivie par les autres sociétés du même groupe financier, après quelques années d'exercice et de récoltes plantureuses. Et ceux qui avaient pris au sérieux les promesses faites dans les *Notions pratiques*, ceux qui chantaient les louanges de M. Langrand-Dumonceau et de ses amis, qui s'attendaient à une *rente* de 40 p. c., pour leurs vieux jours, s'en voudront jusqu'à la mort d'avoir écouté les courtiers de M. Langrand et les journaux à sa solde.

Les conséquences des institutions de M. Langrand-Dumonceau, pour les actionnaires, ce sera, à notre avis, ou bien une stagnation complète de leurs titres par suite des dividendes insignifiants que réserve l'avenir, ou bien une liquidation, car c'est le propre de ces institutions d'anticiper leur dénoûment comme elles anticipent les dividendes, deux choses corrélatives. Déjà la Banque de crédit foncier et industriel, qui devait être le couronnement de toutes les institutions foncières de M. Langrand, la clef de voûte de toutes ses opérations en Autriche, cette société est en liquidation ou y sera aussitôt que les circonstances permettront de la faire sans perte. L'International, un second couronnement, ne promet pas de fournir une carrière plus longue. A chaque année ou à chaque semestre, l'on s'attend à un autre couronnement, accompagné d'une fusion ou liquidation de quelqu'une de ces sociétés dont l'ensemble forme cependant un mécanisme complet: c'est remettre sans cesse en question la constitution et l'organisation même des institutions. Est-il étonnant qu'en agissant ainsi, on ébranle l'édifice? Quel État, quelle société financière ou industrielle résisterait à de telles secousses? Une société, proclamée d'abord indispensable et ayant une fonction essentielle dans les entreprises générales, ne sert plus que de litière à une autre après quelques années d'existence, après qu'on en a extrait tout le sucre, la substance, sauf à en faire payer chèrement les dépouilles aux innocents souscripteurs de la société nouvelle.

C'est ainsi que MM. Langrand-Dumonceau, Mercier, Dechamps, De Decker, Nothomb et Duval de Beaulieu ont trouvé bon de vendre l'Hypothécaire belge au capital nominal de 12 millions de fr., dont 1,800,000 fr. de versés, à l'International, moyennant un prix de 10 millions de fr.; ce qui a permis à ces messieurs de se distribuer à chacun, le joli denier de 500 mille francs et 556 francs pour chaque action libérée de 150 fr. L'International, on l'a vu, n'a rien tiré de ce vieux solde et n'en tirera jamais rien. C'est la pratique de la nouvelle école. C'était imiter ce madré paysan des bords de la Lys, qui avait fondé une société en participation pour l'exploitation des peaux de lapin, au capital de 100,000 fr., dont 30 p. c. seulement furent versés. Après avoir ébréché les ressources de la société, il va trouver quelques nobles descendants de Nemrod et leur persuade de fonder une compagnie pour l'exploitation de peaux de lièvre au capital de 500,000 fr.; et, pour assurer la réussite de l'affaire, il les engage à reprendre la clientèle de sa première société pour le cinquième du capital, déclarant qu'ils feront une excellente affaire. On comprend ce qui arriva dans la suite, et les nouvelles cascades de ce financier novateur. Voilà les farces que l'on ne craint pas de jouer, sérieusement, en ce temps de lumières et de civilisation ; et c'est dans des opérations pareilles que certains hommes trouvent la fortune et la richesse !

Voilà comment opèrent les financiers du groupe Langrand-Dumonceau. Cela ne ressemble, comme nous le disions, en commençant ce chapitre, à rien de ce que l'on a vu dans les temps anciens ni même dans l'ère moderne. Un écrivain flamand (1), dont les emportements de langage sont connus, mais dont l'intégrité et la loyauté sont à l'abri de tout soupçon, avait dénoncé les pratiques financières de l'école Langrand-Dumonceau à l'attention du parquet. Nous nous contentons de les signaler au jury de l'opinion ; puisque c'est par la publicité effrontée des réclames, en faisant intervenir des gigantesques annonces pour stimuler les imaginations en demandant de l'argent à tout le monde, comme dit Balzac, quand personne n'en veut donner, puisque c'est par la publicité que l'on a péché, c'est par la publicité que l'on sera puni. Ce qui est plus triste, c'est que tant de rentiers niais aient été pris en 1863 et 1864 dans les toiles et les filets qu'on avait dressés sous leurs pas. Sans noircir plus notre temps qu'il ne le mérite, nous pouvons dire cependant ce que l'auteur, cité tantôt, disait déjà de la génération de 1837 : « Notre temps ne vaut pas mieux que nous. Nous vivons à une époque d'avidité où l'on ne s'inquiète pas de la valeur de la chose, si l'on peut y gagner en la repassant au voisin ; et on la repasse au voisin parce que l'avidité de l'actionnaire qui croit à un gain est égale à celle du fondateur qui le lui propose. » Pour pouvoir gagner à la spéculation

____

(1) M. Van Ryswyck, directeur du *Grondwet*, puis du *Koophandel*.

en valeurs Langrand, il faut être dans le secret des
affaires de l'administration, avoir toujours le pied
levé pour sortir d'une valeur, c'est-à-dire d'une société et entrer dans une autre, quand on sait que l'on
vient de faire une bonne opération pour une de ces
sociétés, ou que l'on a décidé la fusion, suppression,
ou liquidation de l'une d'elles au profit des autres,
toujours au gré et à la discrétion de l'administration
souveraine, qui est composée invariablement des
mêmes hommes. On a revendu le domaine du baron
Sina à l'empereur d'Autriche ou aux magnats hongrois ; mais à quel prix et au profit de quelle société,
l'Industriel, l'International, l'Agricole, la Banque hypothécaire saxonne ou la Vindobona ?... l'administration seule le sait. On a obtenu une indemnité de
400,000 fr. dans l'affaire des terrains d'Anvers ; mais
au profit de quelle société ? l'administration seule le
sait. Puisque l'on faisait annoncer triomphalement
dans tous le journaux dévoués aux intérêts des sociétés Langrand — qui comme l'on sait sont fort nombreux, — la vente des domaines du baron Sina,
n'était-il pas convenable, loyal de dire quelle était la
société ou les sociétés venderesses ?

On le voit, dans cette compétition d'avidité entre
l'actionnaire et les fondateurs, ce sont les derniers
qui sont les plus forts par position, et puis surtout
par les autres auxiliaires dont ils s'entourent.

Malgré les circonstances vraiment favorables qui
ont aidé M. Langrand-Dumonceau et ses compagnons,
ils sont en pleine déroute. L'emprunt romain, leur
prise d'armes sacrée, a avorté ; l'affaire des domaines
de la couronne d'Autriche, qui semblait irrévocablement acquise à M. Langrand et dont on s'est tant
servi pour rehausser, en Belgique, le crédit de ce financier, cette affaire des domaines, restée stéréotypée

pendant une année dans les journaux, « qui allait se faire, » « qui était faite, suivant un journal allemand, mais dont la conclusion était soumise à une simple formalité, » cette fameuse affaire va échapper à M. Langrand pour passer en d'autres mains (1). Les tentatives faites par ce financier pour constituer, en Russie, un Crédit foncier au capital de quelques centaines de millions de fr., ont complétement échoué (2). Depuis sa campagne de Russie, sa retraite de Moscou, ses affaires n'ont fait que d'empirer. L'Autriche fait un emprunt, récemment, par l'intermédiaire de vingt banquiers, français, allemands, anglais, etc. , et l'ingrate — l'empereur Nicolas avait bien raison — oublie M. Langrand-Dumonceau, l'homme qui a contribué à améliorer sa situation économique et financière, qui a amélioré le change sur Vienne. C'est la circulaire de juillet aux actionnaires des diverses sociétés foncières, l'Industriel, l'International, qui affime le dernier point. C'est là une prétention assez bouffonne, on en conviendra. C'est au moyen des quelques millions (3), envoyés de

(1) On verra, dans notre *Annuaire financier*, page 355, que nous étions d'un scepticisme aussi complet sur le succès de cette entreprise de M. Langrand, le 8 juin 1865, que sur l'emprunt romain, les lettres de gage de l'International, et la Banque générale des travaux public et de l'agriculture.

(2) Une banque foncière, qui vient de se fonder dans le gouvernement de Kherson, fait en ce moment des offres aux capitalistes de l'Occident, comme on dit en Russie : elle promet 8 p. c. d'intérêt, en annuités, garanties par des biens-fonds d'une valeur de plusieurs centaines de millions de fr. M. Langrand acceptera-t-il maintenant si maigre chère, lui que les affaires en Hongrie ont habitué à des 20 p. c.? C'est peu probable. Ce serait cependant une occasion de *lancer le Crédit foncier russe* à un capital de quelques centaines de millions, quoique la Banque de Kherson n'en demande guère que dix. Cela mérite réflexion.

(3) L'auteur de la *Vérité sur les institutions foncières* dit que l'on a versé en tout 100 millions dans les sociétés Langrand; et comme

Belgique en Autriche par ces sociétés, que l'on aurait amélioré le change sur ce pays et même de tous les pays vers l'Autriche!... C'est trop fort. Repoussé avec perte de la Russie et tenu à distance, des hautes influences autrichiennes, on dirait que le groupe des financiers Langrand-Dumonceau veut faire une retraite vers notre pays, en passant par la fédération foncière allemande. On voudrait maintenant faire de de la spéculation immobilière dans les grandes villes de Belgique. Au moins l'on paye bien ici ; les annuités souscrites par nos communes ou nos rentiers propriétaires vaudraient mieux que celles de ces paysans de la Hongrie, dont on a tant de peine à extraire un maudit *kreutzer*. On a lu les *Considérations générales sur les projets de transformation de Bruxelles et les combinaisons financières qui s'y rattachent.* C'est un nouveau manifeste écrit avec le même talent que les célèbres *Notions pratiques*, ce puff financier digne de l'Amérique. A ceux qui seraient tentés de prendre au sérieux cette nouvelle machine, *ce cheval de Troie*, que l'on voudrait introduire dans nos murs, nous les conjurerons de lire d'abord attentivement : 1° Les *Notions pratiques* ou *Exposé pratique des opérations foncières de la Société de Crédit foncier international et de la Banque de crédit foncier et industriel ; aperçu de leurs conséquences économiques dans le présent et dans l'avenir,* par M. André Langrand-Dumonceau ; 2° les deux premiers rapports et bilans de l'Industriel, et le premier de l'International. Et ils jugeront du reste.

l'on n'a pas placé pour pareille somme de lettres de gage, l'on peut bien dire que ce financier n'a pas fait passer en Autriche 200 millions de francs depuis qu'il a entrepris ses fameuses opérations de domaines. C'est là cependant le chiffre qu'il accusait déjà le 26 mai 1864, dans ses *Notions pratiques*, p. 48 ; mais ce chiffre était, alors surtout évidemment exagéré.

Des travaux de luxe, d'embellissement, cela sourit davantage que des travaux agricoles, que l'étude des engrais auxquels on a voulu astreindre leurs excellences de la Banque générale et de l'Agricole. Et l'on passerait doucement dans le portefeuille de la nouvelle *Fédération immobilière de Bruxelles* tout le paquet incommode de valeurs, qui menace d'entraîner à leur perte les sociétés foncières, revenues d'Autriche. Quelle excellente aubaine pour se refaire ! Les brebis bruxelloises, que l'on a passablement tondues, par les ciseaux de l'Industriel et de l'International, se laisseront-elles écorcher par ceux de la *Fédération immobilière?* Le bon sens de nos concitoyens nous est un garant qu'ils ne donneront pas dans le nouveau panneau qu'on leur tend.

Les bourgeois de Bruxelles, que l'on a voulu gagner à la nouvelle *idée* de M. Langrand-Dumonceau, ne montrent guère l'ardeur des adhérents des précédentes sociétés de ce financier. Puis, on a été choqué de l'abus qu'il a fait, en tête de son nouveau manifeste, des paroles du souverain. A en croire M. Langrand, le roi Léopold II, en montant sur le trône, aurait été particulièrement préoccupé d'idées d'embellissement et de luxe. Nous croyons que le successeur de Léopold Ier, ce roi constitutionnel si justement vanté, en Europe, a des idées plus conformes aux besoins du temps. Il a d'ailleurs fourni les preuves d'une économie politique plus saine en se préoccupant d'abord d'industrie et de commerce, de débouchés pour nos centres de production ; il nous a recommandé les choses nécessaires avant les choses utiles et agréables. Mais il est dans les destinées de MM. Langrand et Ce de compromettre leurs alliés et tous ceux qu'ils appellent à leur aide.

Il est donc à craindre que la retraite du groupe financier Langrand-Dumonceau, de l'Autriche, ne s'effectue pas en bon ordre et qu'il n'ait pas les honneurs de la guerre. Nous désirons, à cause des nombreux intérêts engagés à la suite de ces novateurs imprudents, inexpérimentés, que la liquidation de leurs entreprises ne soit pas désastreuse. Mais nous pensons que, dès maintenant, les intéressés devraient provoquer une enquête, afin que l'on vît un peu plus clair dans ces affaires que ne le permettent les rapports laconiques et arrangés habilement des sociétés l'Industriel et l'International. Le gouvernement autrichien, qui ne plaisante point, paraît-il, avec les sociétés qui distribuent de pseudo-dividendes, ainsi que le Crédit mobilier autrichien vient d'en faire l'expérience et ainsi que la compagnie l'*Ancre* l'éprouva déjà, en 1860, pourrait bien faire ce que nous demandons dans l'intérêt des actionnaires. Un petit examen officieux ne serait point toutefois aussi efficace qu'une enquête publique. Mais une telle enquête pourrait être fatale aux sociétés Langrand-Dumonceau et surtout une enquête faite par la justice. On dévoilerait alors les mystérieuses combinaisons, les traités de famille, le secret des portefeuilles, enfin la situation vraie de ces institutions.

Les actionnaires connaissent cependant déjà, par ce qui précède, la valeur des entreprises qu'ils commanditent, en Autriche et les chances que leur réserve l'avenir. Voyons les conséquences économiques et sociales qui peuvent découler de l'apparition, sur notre marché financier, de la nouvelle école de M. Langrand-Dumonceau et de ses amis, et puis le sort qui les attend eux-mêmes.

Nous avons vu, dans la quatrième partie de ce travail, que les auxiliaires, le journalisme, la religion et les hommes d'État n'avaient pas été mieux traités que les actionnaires, c'est-à-dire qu'ils étaient amoindris moralement par leur participation aux entreprises Langrand-Dumonceau. Nous rougissons pour la presse, à laquelle nous nous faisons gloire d'appartenir, de la triste expérience, de *l'école* qu'elle y a faite. La religion catholique, qui s'est engagée étourdiment dans cette affaire, mal conseillée par le parti conservateur, y a perdu une partie de son prestige séculaire, et elle s'expose à le voir diminuer bien davantage, le jour de la liquidation des sociétés du nouveau groupe financier.

Le clergé et les simples catholiques, s'unissant aux chefs du parti conservateur pour la réussite des institutions financières de M. Langrand-Dumonceau, sont-ils liés ou non par un compromis? En tous cas, les premiers s'écartaient ainsi de leur prudente réserve et de la décence sacerdotale et évangélique. Quoique nous ne fassions pas de la politique et n'ayons aucune envie d'en faire dans des matières financières, il nous est impossible de l'éviter quand elle se présente sur notre chemin. La religion ou plutôt le clergé, le clergé régulier surtout, rêvait-il le retour des richesses de l'Église, sinon en biens-fonds, comme aux siècles précédents, comme en l'an mil, au moins en valeurs mobilières, plus conformes à notre temps et que la main des révolutions ne saurait plus lui enlever? Les politiques en disponibilité qui s'improvisaient financiers sous la raison sociale Langrand-Dumonceau voulaient-ils jouer un double jeu, faire d'une pierre deux coups, selon l'expression vulgaire, en assurant le succès de leurs opérations par le concours du clergé, c'est-à-dire, gagner de l'argent, d'une part, et de l'autre, faire regagner du terrain à leur parti, et ressaisir un pouvoir qui tarde bien à leur revenir ? Ce sont là des questions que d'autres éclairciront peut-être. Quant à nous, nous déplorons cette alliance sacrilége ; la politique, la religion et la finance sont respectables quand elles suivent loyalement, noblement leurs lois qui sont, nous semble-t-il, incompatibles, inconcilia- bles entre elles?

Nous avons constaté à regret que l'on avait fait ce mélange impur dans les institutions de M. Langrand-Dumonceau, où l'on est en train de former des *curés financiers* dans l'acception la plus vraie, la plus sim- ple du mot. D'après la circulaire de septembre 1865, annonçant l'établissement de l'Agricole, il devait y avoir des représentants *visibles* de cette banque dans chaque grande circonscription. Et les curés devaient en être, sans doute les représentants *invisibles?* C'est triste de voir des affaires se traiter au moyen de telles profanations. Le jour où la débâcle aura lieu, quand les titres que l'on impose moralement aux fidèles seront devenus du papier sans valeur, les représen- tants du clergé seront devenus véritablement invisi- bles, et seront les premiers à fulminer, même du haut de la chaire, contre les novateurs qui auront surpris leur bonne foi. Toutes les images les plus hardies de l'Apocalypse seront étalées, l'esprit du mal sortant du puits de l'abîme... pour maudire ceux que l'on célèbre aujourd'hui sur tous les tons. Mais les popu- lations, qui auront été induites en tentation par leurs pasteurs se payeront-elles de cette monnaie?

L'institution de la *caisse des fonds d'État* (1), avec privilége pontifical, ainsi que le bref de Pie IX en date du 21 avril 1864, à M. Langrand-Dumonceau (2), sont des indices que l'on veut créer des *finances catho- liques*, et un marché en quelque sorte séparé pour les fidèles. C'est là une idée malheureuse parce que, à

(1) Voir p. 141, en notes.
(2) Nous publions cette pièce à l'appendice.

moins de compter sur les secours de la grâce, l'on ne peut sérieusement espérer une organisation spéciale pour les finances de la communauté catholique. Si cela était possible, nous ne tarderions pas à voir un marché aux céréales et autres denrées uniquement réservé aux membres de la chrétienté. Il vaudrait mieux que l'église catholique fît tout d'un coup un État séparé, un peuple à part, comme les Israélites. Mais y pense-t-on bien ? Est-ce que ces préoccupations matérielles, qui ont eu leur raison d'être du temps de Moïse, ne sont pas diamétralement opposées à la doctrine du Christ? On ne songe pas que, depuis le premier collége des apôtres jusqu'à nos jours, les fonctions d'économe et les affaires d'argent ont toujours été fatales à la religion.

Quant à la finance, et c'est ainsi que l'entendent et la pratiquent tous ceux qui ont réussi, excellé dans cette branche importante de l'activité sociale, elle ne doit s'inféoder non plus qu'un parti politique qui se respecte, à aucune influence occulte, pas plus à la sacristie, qu'à la loge ou à la synagogue ; elle doit être loyale marchande servant tout le monde indistinctement.

Quant aux politiques qui abandonnent le gouvernement des affaires publiques pour faire ou refaire les leurs, ils peuvent être excusables, à une condition, ce qu'ils quitteront totalement la carrière d'hommes d'État, de représentant de la nation quand ils embrasseront celle d'entrepreneur financier ou industriel. Nous savons que les financiers cherchent et trouvent souvent des protecteurs dans les hommes politiques dont ils sauvent les affaires embarrassées. Mais il ne faut pas que la reconnaissance nuise à des devoirs plus impérieux, celui de remplir un mandat public sans petites et mesquines préoccupations. Quel scandale si l'on voyait dans cette honnête et démocratique Belgique, les ministres du roi se mettre à la tête de leurs employés, de l'aristocratie et des grands, pour descendre en colonnes serrées dans la spéculation. Nous avons vu, à propos des Rentiers Réunis, que l'on avait déjà tenté mais en petit, quelque chose de pareil en 1856.

Les hommes qui se sont mis à la tête du système financier, que nous venons d'étudier, subiront naturellement, dans une plus forte mesure, les tristes conséquences que nous avons fait entrevoir. C'est en vain qu'ils se sont abrités sous la forme de sociétés anglaises irresponsables ; ils devront rendre un compte rigoureux, sévère, devant le tribunal de l'opinion, qu'ils ont tant invoqué. On peut bien dire qu'ils ont eu un bonheur à nul autre pareil ; jamais dans ce pays, ni en France, ni en Angleterre, aucun financier, sorti de l'obscurité et n'étant soutenu que par son talent, n'était parvenu, si ce n'est Law, à entraîner les capitaux à sa suite, en si peu de temps et pour des sommes aussi considérables que l'a fait M. Langrand-Dumonceau. Mais autant l'on a été facilement séduit par les artifices et la mise en scène de la nouvelle école financière, autant la réaction sera prompte et implacable, si cette école ne tient pas ses promesses.

A part le mélange adultère du sacré et du profane, l'espèce de simonie politique, une publicité éhontée et une réclame *à la Mangin*, le casque et la cuirasse exceptés, nous devons reconnaître une habileté incomparable de la part des fondateurs des sociétés foncières austro-belges. Leur chef de file montre une initiative remarquable et une richesse d'expédients qui étourdissent les gens les plus rompus aux affaires. L'initiative est une qualité précieuse dans notre pays où l'on n'en fit jamais d'abus. Notre commerce pèche par une lenteur inexcusable ; la place d'Anvers fait timidement la commission, alors qu'elle a tous les éléments pour entreprendre le grand commerce comme Hambourg, Marseille et New-York. Nos anciennes institutions financières laissaient à désirer aussi, en ce sens qu'elles étaient enrayées, tant parce qu'elles avaient immobilisé leurs ressources que parce que leur esprit et leurs vues manquaient aussi d'élasticité, d'initiative, étaient en quelque sorte immobilisés comme leurs capitaux.

Mais il ne suffit pas d'être bien doué de la nature, il faut surtout faire un bon usage de son talent. M. Langrand-Dumonceau et ses amis ont eu, dans une mesure déplorable, les défauts de la qualité que nous apprécions, c'est-à-dire un esprit d'initiative sans guide, sans prévoyance. Ils ont expérimenté leur théorie avant d'avoir mûri leurs plans et préparé leurs voies. Sans faire injure à notre génie national, à peine sorti des langes du protectionisme, nous devons dire qu'il n'a guère fait, jusqu'à ce jour, que des *écoles* quand il a tenté d'organiser l'exportation systématiquement, celle des produits, des capitaux et des hommes : témoin l'expédition de Santo-Thomas, la tentative faite avant la guerre d'Amérique, d'établir des relations directes avec les États du Sud, etc.....

Toutes ces tentatives prouvent une tendance, un besoin pour la nation de faire des efforts nouveaux vers l'établissement d'un commerce d'exportation, et loin de se décourager, des premiers insuccès, il fallait recommencer de nouvelles tentatives, mais avec plus de maturité et de circonspection. Il fallait ensuite apporter l'esprit d'économie que met le père de famille dans ses affaires, qu'apportent, par exemple, les commerçants et industriels suisses et allemands dans leurs entreprises, au lieu d'afficher ce luxe, ce gaspillage de frais généraux, d'émoluments aux administrateurs que nous remarquons dans les institutions Langrand-Dumonceau. Cette simplicité dans les pratiques financières eût été tout à la fois plus conforme à nos mœurs et un élément très-propre pour assurer le succès. Si les financiers de la nouvelle école avaient mieux étudié l'histoire et les traditions de la Belgique, s'ils avaient pris exemple de nos grands industriels, des fondateurs de nos centres métallurgiques et cotonniers, les Cockerill, les Liévin Bauwens et d'autres, ils auraient appris le secret de faire la fortune des autres en même temps qu'ils faisaient la leur; nous nous trompons, les grands hommes, dont nous parlons, n'eurent, semble-t-il, qu'une préoccupation, celle de doter leur pays d'industries vivaces en gardant les mauvais risques pour eux. On sait en effet que ces hommes populaires, dans nos Flandres et dans le pays wallon, ont été ensevelis dans leur triomphe, en léguant la richesse et la gloire à la patrie et le bien-être aux populations. C'est que, loin de se faire une part léonine, d'attirer à eux les bénéfices comme le pratiquent les fondateurs-administrateurs des sociétés Langrand-Dumonceau, ils les faisaient rayonner plutôt du centre à la circonférence. Leurs hauts fourneaux éclairent, échauffent, produisent; leurs usines et fabriques répandent partout l'aisance, tandis que les créations des financiers, dont nous parlons, jettent une espèce d'éclat de feu électrique, de feu artificiel, plus agréable peut-être que ceux des fours à fonte ou à coke, mais nullement productif, et laissant les spectateurs qui en ont joui, dans une obscurité plus profonde.

C'est un triomphe pour l'humanité quand l'on voit sortir un homme des rangs du peuple sans l'appui du

nom, de la naissance et de la fortune, par la seule
force de son génie, par les services qu'il rend à ses
semblables. Il faudrait avoir le cœur mal fait pour ne
pas se réjouir d'un tel triomphe et aider si possible à
le faire obtenir. Mais autant nous nous en voudrions
d'avoir le moins du monde contrarié le mouvement
financier de l'école que nous combattons, s'il nous
avait paru sérieux, capable d'orner la patrie de
gloire et de répandre le bien-être dans les masses,
autant nous sommes tranquille et certain d'avoir fait
chose utile à la généralité en poursuivant jusqu'au
bout, sans crainte et sans haine, ainsi que nous le
disons dans la préface, l'examen des institutions
Langrand-Dumonceau.

Loin d'avoir augmenté la richesse publique par le
Crédit foncier, comme ils s'en étaient vantés, l'on peut
bien dire que M. Langrand-Dumonceau et ses amis
ont tué ou tout au moins entravé le développement
de ce crédit pour longtemps. Ils ont compromis
le Crédit foncier comme ils avaient porté le dernier
coup au Crédit tontinier par les Rentiers Réunis,
comme ils semblent gâter et flétrir toutes les espèces
d'entreprises financières auxquelles ils mettent les
mains.

Aujourd'hui, nous voyons de colossales entreprises
déjà minées et compromises après un an ou deux
d'exercice. Nous croyons que l'on ne retirera jamais,
de la Hongrie, les capitaux belges qu'on y a ensevelis
dans les opérations foncières; nous croyons que l'on
pourra retarder une catastrophe, inévitable, par quelque nouvelle machine, la création d'une ou l'autre
société, adoptée encore grâce à quelque puissant patronage moitié religieux, moitié politique plutôt que
financier. Les deux dernières sociétés, la Banque gé-

nérale pour les travaux publics et l'Agricole ont rencontré un public refroidi ; et nous doutons que les fondateurs de ces entreprises osent tenter une troisième fois la fortune sur un marché aussi mal disposé à leur égard.

Nous avons eu, depuis quelques années, deux exemples, l'un industriel et l'autre financier, qui ont beaucoup de ressemblance avec les sociétés que nous venons d'étudier ; nous voulons parler de la Compagnie générale de matériels de chemins de fer et la Compagnie immobilière de Belgique, où l'on a montré la même impéritie dans l'emploi des deniers du public souscripteur. Aussi, nous croyons devoir donner, en terminant, aux intéressés des sociétés Langrand-Dumonceau un conseil analogue à celui que contient notre *Annuaire financier* à propos de l'Immobilière de Belgique. Nous finissions notre examen de cette société par le mot *liquidation* ; notre dernier mot aux actionnaires des institutions Langrand-Dumonceau est de faire une *sérieuse enquête*.

APPENDICE.

I

A Monsieur le directeur

du *Nieuwe Rotterdamsche Courant.*

Vous avez inséré, dans le numéro de votre estimé journal du 3 de ce mois, une correspondance signée A. J., en réponse à un article de M. M. M., publié dans le numéro du 26 novembre dernier. La synthétique et piquante exposition que fait M. M. M. des institutions soi-disant foncières de M. Langrand-Dumonceau a, paraît-il, porté juste et loin, car une réponse, qui semble venir de Belgique, ne s'est pas fait attendre.

Si c'eût été réellement une réponse, c'est-à-dire une réfutation des assertions de l'article de M. M. M. et des démonstrations de mon *Annuaire financier de la Belgique*, je n'aurais pas eu à intervenir, car la défense de la vérité était en très-bonnes mains.

Mais désertant complétement le terrain de la discussion sérieuse et convenable, M. A. J., à défaut de raisons, a eu recours à des personnalités, à des injures, à des accusations très-graves, sous le coup desquelles je ne puis rester.

D'après l'auteur de la correspondance du 3 de ce mois, mon *Annuaire financier de la Belgique* serait une œuvre de parti, et je ne serais qu'un complaisant, une sorte de valet de plume du ministère libéral. Voilà la première accusation. Il faudrait être bien maladroit, bien novice en affaires financières pour donner à un livre qui veut en devenir l'organe et le guide, une couleur politique. Comme si l'argent suivait un drapeau politique, une bannière religieuse plutôt qu'une autre ! Non, encore une fois, nous n'avons pas commis une telle maladresse. On n'a qu'à parcourir notre *Annuaire*, et l'on se convaincra que nous avons jugé avec autant d'impartialité les institutions officielles que celles des particuliers, les sociétés qui relèvent des groupes de libéraux que celles qui sont inféodées aux chefs du parti conservateur ; chrétiens, juifs ou protestants, toute la haute banque y est discutée, également et sévèrement jugée : la *Compagnie immobilière de Belgique* de M. Bisschoffheim n'est pas plus épargnée que les sociétés de M. Langrand-Dumonceau.

Si nous ne relevons aucunement des hauts barons de la finance, nous ne courtisons pas davantage le pouvoir.

M. A. J. est sans doute informé que nous rédigeons la partie financière de l'*Écho de Bruxelles* et de l'*Écho du Parlement* et que nous publions, dans ce dernier journal, une suite d'études sur les institutions de M. Langrand-Dumonceau ; il a cru pouvoir conclure de la couleur politique du journal que les revues hebdomadaires des valeurs de la bourse, que la critique des sociétés financières qui y coudoient des articles d'un libéralisme à tous crins, devaient nécessairement avoir une teinte libérale. Eh bien, il n'en est absolument rien. Depuis cinq ans, il nous est donné de publier, dans les journaux précités, les appréciations les plus indépendantes sur les hommes et sur les choses du monde financier, sans recevoir jamais ni d'ordre ni d'avis. Les articles sur les institutions de M. Langrand-Dumonceau ne m'ont été suggérés que par le désir de prémunir les souscripteurs des six à sept cent millions de francs que ce financier demande à notre pays et à la Hollande ; je n'ai reçu, à ce sujet, ni conseil, ni encouragement de personne tenant au monde financier et à la politique; je n'attends rien du pouvoir et ne lui demande rien.

Il est une seconde accusation contenue dans la correspondance de M. A. J. Il n'a pas seulement cherché à nous couvrir comme d'une sorte de simonie économique en nous faisant vendre les intérêts matériels à la politique, mais il a encore voulu nous noircir aux yeux du monde en nous représentant comme le vil agent de spéculateurs à la bourse. Nous aurions servi les intérêts des banquiers et des faiseurs qui jouaient à la baisse sur les valeurs Langrand-Dumonceau, en cherchant à déprimer ces valeurs dans l'opinion. Elles vont assez d'elles-mêmes, à la baisse, ces valeurs sans qu'on ait besoin de les y pousser : que l'on consulte la cote depuis quelques années. Mais nous devons opposer ici un démenti catégorique, brutal, aux infâmes accusations de l'auteur anonyme de la correspondance du 3 décembre. Qu'il se lève et qu'il parle hautement celui qui peut nous convaincre d'avoir jamais vanté une valeur de bourse ou de l'avoir attaquée dans l'intérêt d'un particulier ou d'un groupe quelconque, d'avoir souillé notre plume en la faisant complice de l'agiotage. Nous aurions le droit de faire tomber le masque à l'accusateur anonyme du 3 décembre et de lui demander un compte plus sévère ; mais nous nous contenterons de lui infliger un solennel démenti.

Nous n'aimons pas les personnalités ; il nous a toujours paru que ceux qui s'occupent de la généralité, législateurs, magistrats, publicistes, doivent s'effacer entièrement pour se vouer uniquement à la défense des graves intérêts dont ils sont chargés. Les intérêts économiques et financiers surtout demandent une absence complète de préoccupations personnelles ou de parti. Ceux auxquels nous répondons ne tombent-ils pas plus lourdement que d'autres dans la faute de confondre la politique et même la religion avec la finance ? Il suffirait de citer l'emprunt pontifical de 1864, négocié par M. Langrand-Dumonceau. On sait que ce financier eut la prétention d'émettre au pair les obligations de cet emptunt alors que les titres des emprunts antérieurs des États du pape se traitaient à 80 et même à 71. Sur quoi fondait-il cette énormité financière ? Écoutons la réponse que fit à cette question l'un des docteurs de la nouvelle église financière, M. Cramer d'Amsterdam, s'écriant au congrès des catholiques d'Allemagne, réunis à Trèves, cette année : « Mais, messieurs, est-ce là le langage d'un catholique ? Quel est donc l'enfant dénaturé qui, voyant son père venir à lui pour lui emprunter une somme dont il aurait le plus grand besoin, répondrait : « Mon cher père, me voilà tout prêt à vous donner 80 francs, mais à condition que vous me reconnaissiez une dette de cent francs, que vous me payiez l'intérêt de cette dette de cent francs et que vous me remboursiez cent francs dès que vos moyens vous le permettront. » Une telle conduite serait-elle digne d'un fils ? continue M. Cramer. Et dans les circonstances qui accablent le saint Père, comment qualifier un tel raisonnement de la part d'un catholique? »

Dans la bouche d'un prédicateur du denier de Saint-Pierre ce langage eût été à sa place. Mais comment le qualifierons-nous, à notre tour, de la part d'un financier, de M. Cramer, administrateur de la Banque hypothécaire néerlandaise? Voilà un petit échantillon de la manière de traiter les affaires du nouveau groupe de financiers qui s'abritent sous la raison sociale Langrand-Dumonceau et dont nous croyons devoir dénoncer les pratiques insolites et dangereuses au public auquel ils demandent des millions par centaines à la fois.

Agréez, Monsieur le Directeur, l'expression de ma parfaite considération.

E. DE MOLINARI,
avt.

Bruxelles, 11 décembre 1865.

II

Voici le texte du bref de Pie IX à M. Langrand-Dumonceau, tel que l'a publié l'*Écho du Parlement* du 14 février 1866. L'authenticité de cette pièce n'était pas démentie par M. Langrand ni par les journaux à la date du mois de mars.

A Monsieur et cher fils, André Langrand-Dumonceau,
à Bruxelles, en Belgique.

PIUS PP. IX.

Monsieur et cher fils, salut et bénédition apostolique. Dans ces derniers jours est venu à nous notre très-cher fils, le prêtre Jean-Népomucène Nanielik, du diocèse d'Erlau, euvoyé par vous et vos collègues, lequel très-humblement nous a remis votre lettre du 12 de ce mois. Et nous avons appris, tant par cette lettre que par ce prêtre lui-même, que, par votre initiative et avec l'aide d'autres personnes catholiques du royaume de Belgique, il a été fondé des établissements de crédit foncier dans le but de favoriser et de développer l'agriculture, l'industrie et le commerce dans les États catholiques, suivant les lois de la civilisation chrétienne, et en même temps d'arracher les familles catholiques des mains avides d'usuriers rapaces en leur prêtant un secours opportun.

Nous avons appris également que vous et vos associés qui sont spécialement chargés de l'administration de ces institutions, vous avez entouré notre personne et ce siége apostolique d'une pitié filiale et d'une obéissance remarquables, et que vous et eux avez souverainement à cœur dans ces temps si malheureux de protéger et de défendre la cause, les droits et la conduite de l'Église catholique et de ce siége. *En considération de quoi,* nous vous adressons à vous, cher fils, et à vos associés des éloges mérités, puisque le but principal que vous vous êtes proposé en fondant avec eux les institutions prémentionnées, est d'*affranchir les familles catholiques* de la nécessité de contracter des engagements qui, en raison d'intérêt illicite ou pour tant d'autres causes, sont absolument défendus par les lois divines et humaines. En même temps, nous vous exhortons vivement, vous et vos associés dans cette entreprise, de faire en sorte que, *grâce à la religion qui vous distingue ainsi qu'eux, vous dirigiez toujours cette entreprise dans un esprit tout à fait catholique*, EN MÉPRISANT ENTIÈREMENT L'APPAT DES RICHESSES, et que votre soumission et votre dévouement envers notre personne et ce saint-siége s'affermissent et s'augment de jour en jour davantage sur leurs bases inébranlables. *En attendant, nous demandons humblement à Dieu très-bon et très-grand qu'il daigne bénir vos soins, vos projets et vos travaux communs,* afin que ces institutions, dirigées selon la règle de notre très-sainte religion et de la doctrine catholique, aboutissent au véritable bien de la famille catholique tout entière et prennent de jour en jour plus d'accroissement. Et comme augure de ces bénédictions, et comme gage de notre affection paternelle envers vous, nous vous accordons du fond du cœur et avec amour, à vous, monsieur et cher fils, et à tous vos associés catholiques dans cette entreprise, notre bénédiction apostolique.

Donné à Rome, à Saint-Pierre, le 24 avril 1864.

De notre pontificat la 18e année.

PIUS P. P. IX.

FIN

TABLE DES MATIÈRES.

TROISIÈME PARTIE.

LES SOCIÉTÉS FONCIÈRES.

QUATRIÈME PARTIE.

LES AUXILIAIRES DES INSTITUTIONS LANGRAND-DUMONCEAU.

CINQUIÈME PARTIE.

APPENDICE.